AF357590

Portrait de Clémence Royer
par Angèle Delasalle
(Janvier 1902).

Musée de Nantes.

Un duplicata du tableau est à Paris, chez l'artiste.

CLÉMENCE ROYER

ET

SA DOCTRINE DE LA VIE

IL A ÉTÉ TIRÉ DE CET OUVRAGE
TRENTE EXEMPLAIRES SUR PAPIER
DE LUXE DE RIVES
NUMÉROTÉS DE 1 A 30

ALBERT MILICE

CLÉMENCE ROYER

ET
SA DOCTRINE DE LA VIE

PRÉFACE DE M. JEAN BERNARD

*La rédemption ne pouvait être
complète tant que la femme
n'y avait pas coopéré.*
CLÉMENCE ROYER.

PARIS
J. PEYRONNET & Cie, ÉDITEURS
7, RUE DE VALOIS 7
1926

A mon éminent Confrère,

M. ALFRED MORTIER

grâce à qui ce livre aura vu le jour.

Affectueux hommage.

A. M.

PRÉFACE

Imprudemment j'avais promis à M. Albert Milice une préface pour son étude sur Clémence Royer ; je ne connaissais pas alors l'étude si complète, si documentée, si sincère que cet excellent écrivain doublé d'un philosophe indépendant a écrit sur le grand penseur. En lisant les épreuves je m'aperçois que M. Albert Milice, en apôtre pieux et convaincu a tout dit et en excellents termes ; il n'y a rien à ajouter ; c'est complet et on me permettra d'avouer en toute sincérité que c'est parfait. On ne peut mieux analyser cette œuvre touffue, mieux exposer ces théories si complexes et il n'est pas possible de mettre en relief avec plus de vérité ce caractère si curieux d'un des philosophes les plus profonds du XIXe siècle.

Qu'ajouter après M. Albert Milice ? A peine peut-on essayer de glaner quelques souvenirs personnels dont l'admirateur passionné de Clémence Royer n'a pas voulu alourdir son œuvre si précise, si vivante et d'un accent si sincère.

Je devrais me récuser, mais M. A. Milice, me rappelant que j'ai été choisi par la grande penseuse comme un de ses exécuteurs testamentaires, a insisté. Comment se dérober ?

C'est la deuxième grande féministe du siècle passé qui me fit l'honneur de me désigner comme exécuteur testamentaire. La première fut Maria Deraimes dont la statue en bronze, par Barrias, s'élève dans le square des Épinettes et j'ai eu la bonne fortune de pouvoir publier en cinq volumes les œuvres posthumes de cette fière propagandiste qui traça la route de l'émancipation par laquelle tant d'autres sont ensuite passées sans daigner jeter un souvenir ou une fleur au bas du socle de celle qui fut si longtemps à la peine et dont les efforts, parfois si pénibles, ont assuré la victoire des idées qui triomphent aujourd'hui.

Pourquoi n'a-t-on pas agi de même avec Clémence Royer qui a laissé trois lourdes caisses de manuscrits ? Pour une raison bien simple, c'est qu'il y a eu douze exécuteurs testamentaires ; c'était peut-être nécessaire pour le classement de tant de papiers qui formeraient de nombreux volumes, mais c'était trop pour arriver à une entente méthodique et à une coordination nécessaire. Une initiative si dispersée ne pouvait aboutir qu'à une insuffisance de responsabilité et, disons-le, d'autorité.

Parmi les douze exécuteurs testamentaires figurent M. Levasseur, professeur au collège de France, M. Colas, Mme Marguerite Durand et Mme Avril de Sainte-Croix. Auprès de cette dernière je me suis informé du sort d'une partie des papiers laissés par notre grande amie. Voici la lettre qu'à la date du 19 février, elle veut bien m'écrire :

« ...Hélas ! M. Albert Colas qui était son principal exécuteur testamentaire, et auquel Clémence Royer avait confié, de son vivant, pour

les garder chez lui, toute une correspondance
intime, a jugé à propos, pour sauvegarder la
mémoire de celle-ci de brûler toute cette correspondance et tous les papiers qui concernaient notre
grande amie.

« C'était peut-être excessif de faire disparaître
tant de choses intéressantes pour cacher, peut-être,
une défaillance passagère. Enfin, ce qui est fait
est fait, on ne peut revenir là-dessus et M. Colas
est mort depuis plusieurs années.

« Ce qui reste de plus certain de notre chère
amie Clémence Royer sont les documents qu'elle
m'a donnés elle-même ; les lettres qui m'ont été
écrites au moment de son banquet et dont je me sers
pour le livre que je prépare en ce moment sur elle.

« La pauvre femme aura été mal servie par des
amis trop sévères ».

Brûler une pareille correspondance, sans consulter personne, c'est « peut-être excessif » dit
Mme Avril de Sainte-Croix, avec une indulgence
que je ne partage pas. Le mal est fait, cet excellent
M. Colas est mort. Les reproches seraient super-
flus et vains (1).

Mais il reste les caisses de manuscrits.

Espérons cependant que tout ne sera pas perdu
et que l'on pourra profiter de ces trésors dont
M. Levasseur, le savant professeur au Collège de
France, s'était constitué le gardien.

____

(1) Mme Colas a cru devoir publier dans les journaux que
son mari avait agi sur les ordres de Clémence Royer Tout
est possible quoiqu'on ne nous apporte aucune preuve. Mais
il semble que si La morte avait voulu brûler ces lettres, elle
aurait pu le faire elle-même, tranquillement au coin de son feu.

Comme l'a écrit Renan « Clémence Royer était un homme de génie ; c'était une des grandes travailleuses de la phalange féminine dont beaucoup ont été admirables de désintéressement. Clémence Royer était l'aînée de presque toutes. La hardiesse des idées adoptées avait créé une sorte de solidarité entre elles.

C'étaient les belles années de luttes, où tant d'esprits féminins combattaient dans une sphère différente pour arriver au même but. Ici, c'était la vaillante Mme Juliette Adam portant son effort vers la pensée française pour la faire dominer à l'étranger, pensée qu'elle ne séparait pas de l'influence de la Patrie qu'elle voulait rayonnante en dépit des nuages du Nord et des barbaries bismarkiennes. « Voyons, s'écriait-elle, Messieurs les Maîtres, reconnaissez donc qu'une femme qui ne tient plus à plaire et qui n'est plus absorbée par les soins de la famille est encore bonne à quelque chose, qu'elle peut rendre des services sociaux, produire un point de vue de l'art et du patriotisme ». Puis venaient Mme Bequet, de Vienne, qui soulignait l'indépendance de ses idées par une inépuisable charité ; Isabelle Bogelot la fondatrice de l'œuvre admirable des « Libérés de Saint-Lazare » que poursuit avec tant de dévouement Mme Avril de Sainte-Croix ; la propagandiste Mlle Bonnevial dont un stupide accident d'automobile devait arrêter l'œuvre à quatre-vingts ans passés ; notre grande Maria Deraismes, cette bourgeoise riche dont la fière attitude en imposait aux plaisantins ; et sa sœur aînée Mme Feresse Deraismes qui secondait si bien sa cadette dans toutes les initia-

tives hardies « Je ne verrai pas, disait-elle un jour, le progrès social réalisé » Elle l'entrevit du moins et quand elle mourut elle eut la consolation de constater que son grand effort n'était pas perdu. Mme Vincent qui poursuivait surtout la revendication des droits politiques. Elle était parvenue avec l'assentiment d'un maire novateur à se faire inscrire sur les listes électorales de Saint Ouen. Sur la demande en radiation elle me fit l'honneur de me confier sa cause devant le juge compétent ; le magistrat tenu par la jurisprudence annula l'inscription mais consigna cependant les raisons juridiques dans son jugement qui fut soumis à la Cour de Cassation et c'est une satisfaction morale de constater qu'en refusant l'électorat, les conseillers de la Cour suprême ne purent rien retorquer, invoquant seulement un état de fait légal qui consacre une injustice mais ne fournit pas d'arguments de droit. Ce petit monument d'impuissance se trouve au Dalloz ; on en rira plus tard. Mlle Jeanne Chauvin, récemment nommée chevalier de la Légion d'Honneur à l'occasion du vingt-cinquième anniversaire de l'admission des femmes au barreau, venait d'être inscrite au tableau ; c'est elle qui aurait dû plaider ce procès, mais elle n'usait pas de la parole devant les tribunaux et se contentait d'enseigner les rudiments du code civil dans les collèges de jeunes filles. Maria Véronne, très militante et qui devait devenir une avocate occupée, combattait certes mais n'avait pas encore terminé ses études de droit.

On ne peut oublier Mme Louise Gagneur, la romancière puissante dont la Croisade Noire a immortalisé le nom. D'autres romancières aidaient à l'œuvre commune. Au hasard du souvenir : Daniel Lesueur, Jeanne Marni, Georges de Peyrebrune, Marc de Montifaud, Rachilde, Georges Renard, Mary Smmer, Judith Gautier. Des propagandistes ardentes : Sorgue, morte l'an passé, d'une puissance de conviction extraordinaire et d'un inlassable dévouement. Aline Valette, Palonié-Pierre, Mme Edgar Quinet, Mme Michelet, Mme Maria Pognon, Maria Chœliga-Lœvy, Paule Minck, Léonie Rouzade et Mme Maria Martin qui, n'ayant pu vaincre le vieux préjugé bourgeois et rétrograde de la franc-maçonnerie, contre l'admission des femmes dans les Loges régulières, bâtit à ses frais un temple, créa une loge mixte et laissera un rite où le libéralisme de la pensée n'est pas mesuré aux mesquins détails du sexe. Parmi les dernières venues, Jean Bertheroy, Beli-lon, Clotilde Dissard, Mary Léopold Lacour et Marie-Louise Néron, la première femme ayant obtenu le ruban rouge au seul titre de journaliste.

Comment ne pas citer le nom de Séverine, grand cœur, nature impulsive mais d'une générosité qui la poussa toujours vers les souffrantes sans chercher à savoir si le bon droit correspond toujours à l'action ; téméraire, elle va d'instinct vers les malheureux, vers ces rebutés de la vie, ces estropiés de la pensée par ce qu'ils sont malheureux. Comment souvent ne pas se tromper quand on ne voit que les préjugés à abattre et les malfaisances sociales à combattre. Une aide puissante fut apportée par une des jolies femmes de Paris, dont les cheveux blonds éclairèrent souvent des discussions sévères, par

Mme Marguerite Durand qui, avec une intelligence surprenante était une oseuse ; elle réunit toutes ces femmes de pensées, de lettres et créa ce grand quotidien La Fronde qui connut le succès et dont Clémence Royer fut une des principales rédactrices ; dans une forme nette et claire elle a exposé là les idées et les théories les plus hardies.

Constatons en passant ce qu'on paraît vouloir oublier aujourd'hui que, sans parti pris, La Fronde fit un bloc de toutes les revendications féminines et en imposa la plupart au Parlement depuis l'électorat aux tribunaux de commerce et des prud'hommes jusqu'à la propriété du salaire. Il n'a manqué que l'électorat politique que la France d'ailleurs sera la dernière nation du monde à accorder. Le pays des Droits de l'homme aura été plus de cent trente-sept ans à méconnaître les droits de la femme et nos politiciens de toutes les opinions sont fiers de leur œuvre ! Il n'y a pourtant pas de quoi.

Je voudrais rappeler un souvenir : le banquet qu'on offrit à Clémence Royer au Grand Hôtel et où trois cents personnalités parisiennes acclamèrent « la femme la plus savante de France ».

Des membres de l'Institut, des lettrés, MM. Levasseur, Letourneau, le Dr Laborde, du Collège de France, Mme Avril de Sainte-Croix, Léopold Lacour, prononcèrent son éloge ; des poètes : Clovis Hugues, Jules Bois, esprits élevés, lurent des hommages en vers. Et, très émue, Clémence Royer se leva et improvisa ce court remerciement :

« Je me croyais oubliée de ma génération, et je pensais que j'étais oubliée de la génération actuelle. Je me sens élevée à des hauteurs telles que j'en ai le vertige, et me demande si demain on ne m'aura pas oubliée... Amis d'autrefois, amis d'aujourd'hui, merci. Je vivais isolée, n'attendant plus rien de la vie, me croyant oubliée, me croyant ignorée. Soulevée par une vague bienveillante, je me sens enlevée à des hauteurs qui me donnent une sorte d'ivresse, une sorte de vertige ».

Comme côté pittoresque, le menu avait été illustré par Willette ; il est devenu une rareté artistique. Le dessin représente une femme qui descelle les barreaux d'une prison éclairée par une compagne dont un prolétaire baise le bas de la robe ; cette femme porte une torche éclairant ceux qui l'entourent en costume sommaire de lutte et de travail.

Après cette manifestation d'une élite, on obtint enfin la croix de la Légion d'honneur que Léon Bourgeois sollicité n'avait pas osé accorder ; M. Combes s'était dérobé et c'est Georges Leygues qui répara cette injustice. Depuis on a fait du chemin ; les préjugés ont été abolis en ce qui concerne les décorations féminines. N'a-t-on pas dépassé le but avec ces promotions allant jusqu'aux danseuses — ce qui peut se comprendre à la rigueur avec un peu d'indulgence et de bonne volonté — mais on a compris cependant dans cette légion qui s'appelle la Légion d'honneur tout de même trop de vieilles comédiennes usées au jeu de la gymnastique suédoise et de l'escarpolette immobile. La justice pour le mérite, mais pas de ces faveurs insolentes et insolites qui déconsidèrent une récompense qui doit rester au talent et à la dignité de la vie.

De toute la somme de travail de Clémence Royer, quelle conclusion pourra-t-on tirer au point de vue du classement des idées ? Le commentateur aura peut-être des difficultés.

Un jour au cours d'une causerie familière, je lui demandais :

— Mais enfin êtes-vous socialiste ?

— Non, me répondit-elle sans hésiter.

— Et positiviste ?

— Pas davantage.

— Mais alors ?

— Tenez, je ne me laisserai pas mettre en bouteille, je ferai sauter le bouchon.

— Mais encore ?

— Je suis une indépendante.

Elle était indépendante et elle le demeura jusqu'à la fin, jusqu'à cette maison de retraite de Gallignani, là-bas, au fond de Neuilly, où des hommes de lettres, des savants vieillis mais non usés poursuivirent encore leurs chimères envolées et leur idéal de la vingtième année.

Cet idéal à vingt ans, je le demandais en même temps qu'à cent autres célébrités parisiennes pour l'enquête que je dirigeais pour le Figaro en 1897.

Ce n'est pas d'hier.

Voici sa réponse :

Cher Ami,

« A vingt ans, je devenais,

« Je n'étais plus ce qu'on m'avait faite ; je me recommençais avec l'instinct que je serais quelqu'un.

On m'eût bien surprise, si l'on m'eût prédit ce que je suis devenue.

« La Révolution de février venait de révolutionner mes idées.

« Mon idéal était celui de Lamartine et de Michelet.

« Sous la Pauline de « Polyeucte » germait l'Emilie de « Cinna ».

« Voici les vers inédits qu'alors j'ai été lire à Lamartine :

Quoi ! faut-il qu'à vingt ans, pour gagner un peu d'or,
Vers l'idéal du beau j'arrête mon essor ?
Que d'un monde railleur redoutant les sarcasmes
J'étouffe dans mon cœur les saints enthousiasmes.
Contre les préjugés, je raidis ma raison.
Dût-il donner la mort, je boirai le poison.
J'aspire au bien, au vrai, dans un rêve de gloire ;
A de vaines terreurs, non, je ne veux plus croire.
Le combat, mon esprit l'appelle, le bénit.
Comme un fer de cheval, frappant sur le granit,
Fait jaillir dans la nuit des milliers d'étincelles.
La lutte ne produit que des ardeurs nouvelles.
Attentive à leur voix, j'entends l'ordre des dieux,
Marche ! m'ont-ils crié, ta couronne est aux cieux.

Agréez, Cher Ami, l'expression de mes affectueuses sympathies.

Clémence Royer ».

A vingt ans, elle n'aurait certes pas prévu la situation d'indépendance morale unique au monde qu'elle s'était créée ; elle n'aurait pas non plus prévu la gêne de la vieillesse, les douleurs causées par l'absence d'un fils adoré et qui servait dans les lointaines colonies, où il ne devait pas lui survivre.

Donnons un dernier détail particulier : un jour, je l'interrogeais dans une lettre et lui demandais pourquoi elle ne parlait pas en public, elle qui avait une superbe puissance de raisonnement.

« Vous me demandez, mon cher ami, pourquoi je ne parle pas plus souvent : mais c'est l'occasion qui me manque. Il me faudrait un public, où le prendre, dans la dégringolade générale des esprits qui ne rêvent plus que sports athlétiques, peinture et musique. Or, il me faudrait un public de choix, une élite cultivée, lisant autre chose que des romans et des journaux. Je ne sais pas parler aux foules dont il faut flatter les manies, commenter les altruismes, dont il ne faut que traduire les pensées, qu'il faut suivre pour être leur chef.

« Bien loin de les flatter, je suis toujours tentée de les prendre à rebrousse-poil, de leur dire qu'elles sont le troupeau de panurge, troupeau d'ânes et de loups, plus encore que de moutons.

« J'aurais dû être professeur. Il m'eût fallu une chaire. Il y a plus de vingt cinq ans, j'ai demandé la salle Gérard (à la Sorbonne), pour y faire un cours de philosophie naturelle. Le conseil académique me l'a refusée à l'unanimité. Et voilà pourquoi votre fille est muette.

« Trouvez-moi une salle, un public, je parlerai jusqu'à extinction de chaleur naturelle.

« Mais, hélas ! j'oubliais que je n'ai plus de dents, plus de souffle, et que je viens d'avoir des douleurs articulaires qui, durant une semaine, m'ont privée d'une jambe et d'un bras, le droit, de sorte que je ne pouvais ni écrire ni marcher.

« C'en est donc fait ! J'aurai perdu la meilleure part de ma vie et de mes forces, à ne pas vivre et à ne pas agir, parce que j'ai eu le malheur de porter jupon au lieu de porter culotte.

« Pourquoi ne venez-vous pas me voir, avec Mme Jean-Bernard ? Vous me l'avez promis. Je suis si isolée dans mon hospice ?

« Je serais heureuse de vous serrer la main cordialement.

Clémence Royer ».

Ce 6 août 1895.

Nous acceptâmes l'invitation pas aussi souvent que nous l'aurions voulu, la vie de Paris est si absorbante pour le travailleur : et pourtant ce pèlerinage était une sorte de plaisir intellectuel ; la conversation de cette femme supérieure avait un charme et un intérêt inexprimables.

Un jour, Mme Léopold Lacour qui l'entourait d'une affection filiale nous prévint que notre grande amie était au plus mal ; nous accourûmes : il était trop tard. En arrivant à Gallignani nous aperçûmes Mme Marguerite Durand qui, en larmes, la veillait dans la solitude de cette petite chambre d'où s'était envolée cette âme indépendante et fière et, de cet esprit supérieur, il ne restait qu'un nom éclatant et une œuvre malheureusement non encore complétée par une publication nécessaire mais qu'on hésite à entreprendre devant l'énormité de la tâche.

Jean-Bernard.

Paris, 6 mars 1926.

INTRODUCTION

Quel admirable atout pour nos revendica-
trices féministes aurait pu être, depuis vingt-
cinq ans, une œuvre appelée à renouveler la
science en couronnant une longue époque de
patients travaux de détails par « un seul système
logique, puissamment relié dans toutes ses
parties », lequel constitue aujourd'hui, à l'exclusion de tout autre système, la synthèse générale du savoir humain au vingtième siècle. Et
comme l'on pourrait s'étonner de cet abandon
prolongé s'il n'était trop certain que de longues
années d'un labeur continu sont nécessaires à
un esprit généralisateur, oiseau rare en notre
temps, pour appréhender dans l'enchaînement
complet de ses lois, toujours contrôlées par notre
expérience sensible journalière, la doctrine philosophique qu'élabora, avec une persévérance
inlassable, Celle qui sera demain la suprême
gloire de son sexe, mais qui, par une malchance
ultime, mourut quelques ans trop tôt pour ins-
truire des disciples et parachever une œuvre
grandiose....

Réalisant, vers la fin du siècle passé, le vaste
projet que Bacon n'avait pu encore qu'entrevoir
à une époque où l'esprit humain sortait à peine
de l'épaisse nuit médiévale, Clémence Royer

aura accompli ce tour de force intellectuel qui consistait à ériger un de ces vastes palais aux proportions harmonieuses avec des matériaux judicieusement triés parmi tous ceux, en nombre immense, que lui fournissait la science analytique de son époque. Mathématicienne, physicienne, chimiste, cosmologue, biologiste, anthropologiste, historienne des civilisations, des religions, philologue, moraliste, sociologue, économiste, « l'intrépide lutteuse intellectuelle » aura, comme elle se plut un jour à l'écrire à ses amis, cueilli à pleines mains les fruits de l'arbre de la science, pour les offrir à tous ceux qui en veulent, et fourni des solutions logiques à de nombreux problèmes encore en suspens pour notre science estampillée. On conçoit dès lors qu'Elisée Reclus et Madame Marguerite Durand aient admiré en cette femme de génie un des plus grands savants de son siècle, que M. Léopold Lacour l'ait considérée comme « le plus haut cerveau féminin » du dit siècle, que le mathématicien Rebière ait qualifié « vivante encyclopédie » ce savant et ce penseur féminin d'une valeur si rare. Pour notre part, étant actuellement le Français vivant qui aura pâli sur le plus grand nombre de textes, tant inédits qu'imprimés de la philosophe, nous nous croyons quelque peu qualifié pour revendiquer en faveur de Celle qui aura été véritablement notre Mère intellectuelle, ce beau titre de « Newton français » qui, d'ailleurs, ne saurait donner une idée adéquate de la vastitude d'un tel génie et de la portée, tant pratique que théorique, de ses

découvertes, qui eussent fait avancer par bonds
la science française, depuis les premières années
du siècle, si nos physiciens de laboratoire, à
court d'idées neuves et trop prompts à saisir
des conceptions spécieuses d'origine exotique,
avaient pris souci de s'en emparer pour en tirer
cette « pratique abondante » qui, d'après Bacon,
existe à l'état virtuel en toute bonne théorie...

C'est qu'en effet, ce grand esprit, foncière-
ment baconien, qui, brassant les faits par
grandes masses, en tirait de prime saut toutes
leurs inductions logiques, à la manière des vieux
philosophes d'Ionie et d'Abdère, aura, de bonne
heure, appréhendé la loi primaire qui régit la
machine du monde, et de laquelle découle la
série entière des lois secondaires, restées jusqu'à ce jour autant de mystères pour nos savants,
qui régissent les phénomènes physiques. Mais
comme ces vues hardies et si originales, et spécialement l'atomisme dynamiste et la cosmologie royérienne, sont exactement l'envers de ce
qu'on enseigne partout dans nos écoles, de ce
qu'on proclame du haut de nos chaires et de ce
qu'on vulgarise dans la presse à grand renfort
de mots d'esprit, comme s'il s'agissait de faire
avaler d'amères pilules au public profane, comme
ces théories peu orthodoxes dérangent maintes
habitudes d'esprit scolastiques, transmises d'âge
en âge et que les générations montantes elles-
mêmes auront à leur insu respirées dans l'ambiance où elles grandirent, il n'est point surprenant qu'un monument philosophique d'exceptionnel mérite soit resté abandonné de tous depuis

la mort de son architecte ; que le tiers environ de l'œuvre royérienne soit resté inédit ; que plusieurs ouvrages manuscrits de ce grand génie féminin soient aujourd'hui perdus et vraisemblablement détruits ; qu'enfin l'auteur de cet ouvrage ait dû sacrifier une part notable de ses ressources et les meilleures années de sa vie à la mise en lumière et au parachèvement d'une synthèse complète du savoir humain, qui demain, sera, devant l'Univers, le plus beau titre de gloire pacifique de la France de Voltaire et de Diderot.

Le livre que nous présentons au public, et dont un de nos grands critiques dramatiques aura eu l'idée première, n'est, à vrai dire, que le premier coup de pioche d'un modeste artisan de la grande tâche collective pour la mise à jour du Temple Enseveli. Ami lecteur, voici les soubassements d'un Parthénon sublime, quelques pans de muraille, quelques fûts de colonne du péristyle. Tout cela te donnera déjà une idée adéquate de la majesté du monument, de l'heureux ordonnancement de son plan général, des lignes harmonieuses et des tons chauds de sa façade, alors que, dégagé entièrement de son linceul d'oubli, il apparaîtra en pleine lumière, restauré par les soins pieux d'un continuateur. Mais pour que cette résurrection du grand'œuvre puisse, sans plus de retard, être menée à bien, il est désormais indispensable que lui vienne l'aide éclairée d'une Arconati-Visconti qui consacrera ses millions, non plus à la science analytique, aux menus travaux de détails, mais à la science généralisatrice et unitaire, à cette synthèse royérienne, la grande merveille de notre temps, à cette nouvelle Doctrine de la Vie qu'attend l'humanité moderne en quête de sa loi morale.

PORTRAIT DE CLÉMENCE ROYER A 18 ANS.
(*Auteur inconnu*).

Appartient à Mme Vve Colas.

I

L'ASCENSION VERS LA LUMIÈRE

Le cas est à vrai dire unique dans l'histoire
de l'esprit humain. Cette nouvelle Hypatie,
venue peut-être comme l'ancienne « à la fin
d'une race épuisée », se sera montrée un cerveau
génialement audacieux, profondément novateur, doué d'une rigueur critique impitoyable,
qui aura porté les lumières de l'induction en
maints domaines, enchaînant logiquement faits,
lois et principes les uns aux autres, enfin, méritant à son siècle et à son sexe cette gloire suprême
de résoudre les ultimes inconnues de la science.
On ne peut guère lui comparer que le génie de
Démocrite, dans l'Antiquité, et celui de Bacon,
qui inaugura la Renaissance. Il est à croire qu'un
nouvel exemplaire de cette catégorie de cerveaux,
virils et objectifs, ne se recréera pas de sitôt.
Ses divers portraits connus montrent en elle
un cas typique de cette « brachycéphalie évolutive », indice d'un balancement précoce entre
une activité cérébrale intense et une constitution physique débile où les nerfs dominent, dont
nos races civilisées urbaines présentent des spécimens nombreux. Cependant, l'origine de cette
tournure d'esprit toute baconienne de la philosophe, celle aussi de son style expressif au-

tant que primesautier, doivent être cherchés ailleurs que dans une conformation crânienne sphérique, autant effet que cause, grâce à laquelle peuvent s'emmagasiner plus de notions, mieux enchaînées les unes aux autres, sous un moindre volume. Elle doit même être recherchée plus loin encore que dans l'atmosphère familiale et les divers milieux scolaires où s'écoula sa jeunesse ; plus loin que dans les événements politiques retentissants dont elle fut alors l'inconscient témoin et dont certains apportèrent de grands changements dans la vie de ses parents et l'amenèrent à modifier graduellement ses croyances. Elle a sa source profonde dans une hérédité remarquable et très croisée où vinrent se marier harmoniquement les qualités propres de la race bretonne et de la race normande, légèrement neutralisées par un quarteron de sang hollandais.

Fils d'un horloger malouin, l'aïeul maternel de Clémence Royer, Joseph-Louis Andouard, pour ne point suivre la profession paternelle, était parti comme mousse à bord d'un bateau pêcheur pour Terre-Neuve. Passé dans la marine de l'État, lors des grandes guerres contre les Anglais, il est blessé au combat d'Ouessant (1777). Dans une autre rencontre, fait prisonnier avec quelques camarades, il s'empare de la chaloupe du vaisseau où il se trouve retenu et revient dessus en France.

Décoré de la légion d'honneur l'un des premiers (1802), pour ses beaux états de service, il ramène d'un voyage à Flessingue, vers 1804, une belle hollandaise, Wilhelmina Griffith, qui n'avait d'autre bien que sa beauté. Peu après, la belle captive met au jour cette enfant dont le père dira, dans le langage familier des loups de mer bretons, qu'elle a été « mise sur les chantiers à Flessingue et lancée à l'eau à Brest ». Devenu capitaine de frégate et commandant du port de Brest, le vieux marin, qui adorait sa fille, son vivant portrait, l'emmenait les jours de fête sur les grands vaisseaux pavoisés, à la poupe dorée. Les canonniers, prenant la fillette dans leurs bras, s'amusaient à lui faire mettre le feu aux mèches ; elle eut un tympan brisé à ce jeu, mais acquit la même intrépidité que son père devant le péril.

Elle avait quinze ans lorsqu'il mourut, laissant sans fortune quatre enfants et une veuve, encore jeune et belle, mais incapable, paresseuse et coquette et qui, n'aimant que ses fils, avait en aversion sa fille aînée, la favorite du père, devenue la cendrillon d'un foyer où le travail de ses mains adroites mettait l'ordre et la vie. Telle fut l'enfance de· la mère de Clémence Royer, Joséphine-Gabrielle Andouard.

Son père, Augustin-René Royer, né sur les confins du département de la Mayenne, à Saint-Pierre-la-Cour, canton de Rais, d'un marchand de bois, riche pour l'époque, ayant perdu à 19 ans sa mère qu'il adorait, s'engagea pour ne point subir l'autorité de celle qui l'avait remplacée. A cette époque, sous l'Empire, les jeunes recrues instruites étant rares, il bénéficia d'un avancement rapide. La Restauration, qui le trouva déjà officier (1815), lui demanda un serment qu'il se crut obligé de tenir. En 1830, sans hésiter, il donna sa démission de capitaine pour rester fidèle aux Bourbons qu'il tenait pour seuls légitimes.

Sa fille, Augustine-Clémentine, née fortuitement à Nantes, rue Montesquieu, le 31 avril 1830, à cinq heures du matin, avait alors trois mois. Quelques mois après sa naissance, éclate la Révolution de juillet. Se trouvant alors en garnison à Belle-Isle-en-Mer, il donna sa démission de capitaine pour rester fidèle au serment qu'il avait prêté aux Bourbons de la branche aînée. En 1832, il prend part à l'insurrection royaliste de l'ouest, avec le titre d'intendant militaire, dans l'armée de la duchesse de Berry. Condamné à mort par contumace après avortement de la tentative de chouannerie, il va chercher refuge à l'étranger.

En 1833, on le trouve à Prague où il est un des convives de ce banquet au cours duquel quelques fidèles proclament la majorité du duc de Bordeaux qui prend le nom d'Henri V. A cette cérémonie, Jeanne de France, brisant son collier, en tire au sort les pièces entre les assistants. Une des secondes pierres du collier, une turquoise, sise à côté de la pierre de soutien, échoit au capitaine Royer. De Prague, il se rend en Savoie, où sa femme et sa fille viennent le rejoindre. Avec elles, il s'installe en Suisse, sur les bords du Léman, dans la propriété du docteur Marcel, à Panda, près de Lausanne. De cette époque

datent les premiers souvenirs de Clémence Royer,
alors âgée de quatre ans.

Déjà, à cette époque, l'enfant avait voyagé
de Nantes à Versailles où elle avait fait ses premiers pas sur la terrasse du château, tandis que
son père préparait l'insurrection légitimiste en
son pays, puis à Paris où se trouvaient ses
parents lors des épidémies de choléra (1832), puis
à Lyon, à Chambéry, à Annecy, à Chamonix où,
sur les genoux de sa mère, elle avait fait l'as-
cension de la mer de Glace et s'y était égarée,
enfin à Genève et dans la plus grande partie
de la Suisse. Il est rare que l'on évalue toute
l'importance que présentent, dans l'évolution
de l'esprit enfantin, la nature et la variété des
images venues s'imprimer sur la plaque sensible
du cerveau, par l'entremise de la rétine, à cet
âge de la vie où sommeille encore la mémoire. Il
est certain qu'elles constituèrent un facteur
décisif dans le développement intellectuel de cet
incomparable esprit qui restera le Démocrite
des temps actuels.

C'est qu'en effet Clémence Royer, durant sa
prime enfance, avait eu l'ineffaçable vision de
tant de beaux spectacles qu'aucune des impressions qu'elle reçut ensuite de la nature ambiante
ne put être aussi forte et que celles de l'art ne lui
donnèrent que la sensation de son impuissance
à créer la beauté. Blasée d'avance pour toute
admiration devant les aspects extérieurs du
monde, sa vue myope, mais remarquablement
précise, devait amener comme un reploiement
de son esprit sur lui-même, pour pénétrer le

tréfonds des choses, leur dedans, leur comment interne. Tel semble avoir été, de son propre aveu, le facteur déterminant de sa vocation intellectuelle qui fit un philosophe unique de l'artiste et du poète qu'elle eût été, qu'elle fut d'ailleurs un peu durant l'adolescence, et jusque dans la phase romantique de sa vie.

En 1835, les passions politiques étant calmées en France, Augustin-René Royer vient purger sa contumace à Orléans. S'étant constitué prisonnier le 18 juin, il devait être jugé vers la fin de juillet. Le 15 juillet, jour de la saint Henri, sa femme, accompagnée de la femme d'un autre contumace, parcourt la prison, donnant du vin chaud à tous les prisonniers qui veulent crier : *Vive Henri V!* Les deux détenus devaient passer devant les assises le 18. Interrogé sur les motifs qui lui avaient fait prendre les armes, l'incorrigible légitimiste répondit en regardant ses juges qu'il avait voulu replacer Henri V sur son trône. A son avocat qui lui reprochait sa maladresse, Royer réplique : « *J'ai parlé en homme d'honneur !* ».

Acquitté à l'unanimité, en dépit de ses provocantes franchises, Royer vint s'établir à Paris (1) pour s'y occuper d'inventions métallurgiques, lesquelles restèrent sans succès. Les brevets qu'il prit, notamment un brevet d'invention pour employer à fondre le fer la chaleur

______

(1) D'abord rue du Colisée, et ensuite rue Saint-Honoré, au coin de la rue des Orties, dans un immeuble que le percement de l'avenue de l'Opéra fit disparaître.

perdue des verreries, achevèrent de dissiper
sa fortune, déjà compromise par ses voyages,
durant l'exil, alors que ses biens étaient sous
séquestre, avec sa pension militaire suspendue.
Une telle nature, tout d'une pièce, n'était point
faite pour les affaires. Il n'y trouva que des
déceptions qui aigrirent son caractère. Il résolut
d'aller vivre de sa retraite en province. Il alla
s'installer au Mans, décidé à ne plus s'occuper
que de son jardin.

Jusqu'alors, la petite Clémence, éduquée dans
la famille et à son contact, avait reçu de grandes
leçons de choses dans le cours de ses déplacements ; elle s'était montrée à la fois bavarde et
liseuse, très remuante et très réfléchie. Son
père lui enseignait l'arithmétique, se plaisant
à retrouver en elle ses propres aptitudes mathématiques. Elle fréquentait les petites écoles du
quartier, mais apprenait surtout la langue dans
des lectures bien choisies et dans des conversa-
tions dont, enfant unique, elle était toujours
témoin, où elle se mêlait elle-même. Son père et
sa mère, aimant tous deux la poésie et tournant
la chanson, lui révélèrent le secret de l'art des
vers, en cherchant des rimes devant elle. A leur
école, elle s'initia à la prosodie pratique. Souvent,
ils l'emmenaient au théâtre, l'y envoyant avec
sa bonne, lorsqu'ils ne pouvaient l'y conduire
eux-mêmes. Avec son caractère d'acier trempé
et sa loyauté à la Don Quichotte, son père était
ce qu'on pouvait appeler alors un lettré. Légitimiste libéral comme Chateaubriand, il aimait
à se dire monarchiste par raison, bourbonien par

honneur, républicain par nature. Pour lui, le trône n'était pas le soutien de l'autel, mais l'autel était le soutien du trône. Il n'aurait pas manqué la messe du dimanche, mais il l'aimait courte et il allait de préférence à Saint-Roch, à la messe d'une heure qu'un prêtre polonais expédiait en vingt minutes ; il s'y tenait debout, les bras croisés, avec sa belle figure aux traits arrêtés, aux lèvres fines et serrées, portant d'une main son paroissien qu'il n'ouvrait jamais. Très intelligente, très active et douée d'une volonté très forte, sa femme n'avait que la dévotion par snobisme des femmes du monde. Elle eût laissé toutes les messes pour un bal où l'on faisait cercle pour la venir voir avec son mari.

Trop parisiens de caractère et d'habitudes pour se complaire dans le calme de la vie de province, la paix du ménage devait être troublée par de mutuels reproches. Le mari avait compromis sa fortune par ses idées politiques. Sa femme s'était montrée insuffisamment économe et n'avait rien apporté en dot. Leur fille avait dix ans quand ils décidèrent de la faire entrer au Sacré-Cœur du Mans où étaient élevées les filles des anciens amis politiques et compagnons de chouannerie du capitaine Royer.

Au couvent, l'enfant débuta triomphalement, fit une classe en trois mois et conquit tous les prix. On la décida mûre pour la première communion, bien qu'elle n'eût que onze ans et que, régulièrement, elle n'eût dû la faire qu'à douze ans. Sous l'influence de l'enseignement religieux, cette raison précoce et cette imagination déjà éveillée par toutes les choses vues et entendues durant une enfance nomade et agitée semblèrent sombrer tout à coup. Jusque là, c'était surtout d'une vieille domestique dévote qu'elle avait reçu des notions religieuses, qu'elle mêlait confusément aux contes de fées et aux prodiges des Mille et une nuits. Les uns ne lui semblaient pas plus impossibles que les autres, si bien qu'amalgamant en un syncrétisme mi-païen, mi-chrétien, les génies de Zoroastre, les anges de Mahomet et ceux de la Bible, l'enfant, à l'âge de dix ans, fera une neuvaine à la Sainte-Vierge, pour recevoir d'elle la grâce de posséder la lampe d'Aladin dont, nouvelle Jeanne d'Arc, elle aurait fait servir la vertu magique à la restauration d'Henri V !

Préparée ainsi à tout croire, elle accepta avec une foi ardente le dogme et les miracles chrétiens. Cependant, ayant besoin de se représenter ses idées, de les concrétiser, de les objectiver pour y croire, les visions du Paradis et de l'Enfer devinrent pour elle une hantise. Sa conscience d'enfant ignorante devint timorée. Elle se crut capable et coupable de toutes sortes de péchés dont elle ne savait que les noms. Les évocations, les élans d'amour mystique dont les livres de piété lui fournissaient les formules ardentes pour le Dieu incarné qui se donnait en nourriture, surexcitaient ses nerfs tendres. Sa nature résistant, répugnant à l'extase, elle en concluait à son indignité et s'en affligeait. Dans ses efforts pour comprendre d'inintelligibles

mystères, pour éprouver des sentiments contre
nature, pour imaginer l'inimaginable, elle sembla perdre toute mémoire, toute intelligence des
choses terrestres pour ne plus songer qu'au ciel,
à son salut éternel, caressant déjà l'idée de mourir en odeur de sainteté, à dix-huit ans, pour
échapper plus sûrement aux dangers de ce
monde dont on lui inspirait la terreur et qui
devait fatalement la conduire en enfer. Durant
une retraite, certain prédicateur évoqua l'i-
mage d'une jeune fille qui, dans un bal, ayant vu
son danseur tomber mort dans ses bras, dirait :
« J'ai fait un tour de valse avec un cadavre ! »
Le prêtre clamait ces mots d'une voix tragique
et creuse dont la jeune fille resta longtemps
impressionnée, jurant de ne jamais s'exposer
à pareille aventure. Cette existence dans laquelle,
jusqu'alors, elle s'était avancée heureuse et confiante, lui paraissait désormais une chose sombre,
infiniment sérieuse, où tout acte, tout mouvement, toute parole prenait de la gravité. C'est
qu'en effet pécher contre quelque règle, quelque
défense, était si facile !... Un péché mortel
pouvait compromettre toute l'éternité, et des
légions de démons étaient là, sans cesse invi-
sibles, pour l'entraîner à le commettre. N'é-
tait-ce pas horriblement triste ?

Non seulement ce mysticisme intense, qui
lui donna un moment l'idée de prendre le voile,
éclipsa temporairement ses brillantes facultés
intellectuelles, mais il altéra sa santé. Elle souf-
frit d'incessants maux de tête. Ses parents sen-
tirent la nécessité de l'arracher à un milieu où

elle dépérissait à vue d'œil et semblait tourner
à l'idiotie. Elle n'avait séjourné au couvent que
quinze mois, mais pendant deux années, elle
resta dans une sorte d'hébétude. Rien ne l'in-
téressait en dehors des choses religieuses. Seule,
retirée dans sa chambrette de jeune fille, elle
s'y livrait à des pratiques de stylite, reliant ses
membres avec des cordelettes, ou plaçant dans
son lit des corps durs ou aigus qui lui donnaient,
avec la sensation de la souffrance physique, une
sorte de volupté mystique. Son affection pour
ses parents, auparavant vive et confiante, était
devenue pleine de réserve : ils n'étaient pas
assez dévôts à son gré, n'observaient pas les
jeûnes et abstinences, ne suivaient pas les offices, ne faisaient pas leurs pâques. Un soir,
pendant les vacances, son père voulut l'emmener
au théâtre de la ville où passait une troupe.
Afin d'écarter d'elle le démon tentateur, la
fillette fit un grand signe de croix et refusa de
s'y laisser conduire. Étonnement, puis colère
du père de Clémence qui lui donna un soufflet,
le seul qu'elle eût jamais reçu. Elle l'accepta
comme un martyr accepte la persécution, mais
lui en garda une rancune méprisante.

Le séjour d'une petite ville devenant de plus
en plus pénible à la mère de Clémence Royer,
et son père lui-même manquant d'occasions
d'activité, la famille Royer revint à Paris (1843).
Revoyant en robe longue ce jardin des Tuile-
ries, témoin autrefois de ses ébats enfantins,
où elle était alors connue sous le nom de *la Souris*
mérité par sa gentillesse, sa vivacité, et par le

petit cri nerveux qu'elle poussait lorsqu'elle était prise à la course, la jeune fille éclata en une crise de larmes. Il lui semblait que, sortant du fond d'une caverne où, durant trois années, elle avait été prisonnière, elle trouvait tout le monde changé.

Graduellement néanmoins, cette impression première s'effaça. Ses parents avaient des relations étendues. Elle prit goût à cette vie d'ordre inférieur qu'on lui avait présentée sous un jour si funeste. Revenue tristement dans la famille, la voilà qui devenait le boute-en-train des cercles où elle passait. Musicienne médiocre, mais infatigable danseuse, elle ne redoutait plus de voir un danseur mourir soudain dans ses bras. La lecture des auteurs classiques et contemporains, en effaçant ses impressions de couvent, vint en aide à son évolution mentale. A l'étroite et âpre dévotion congréganiste se substitua en elle le déisme vague, mais large et doux de Lamartine. Elle consentit à se laisser vivre et y trouva plaisir. Le monde lui sembla bon, beau et la nature clémente, pourvu qu'elle eût chaque hiver beaucoup de bals, et l'été de belles parties de campagne et des diners sur l'herbe avec des gens aimables et gais. D'ailleurs, elle partageait son temps entre la musique, la lecture et les travaux d'aiguille où elle se montrait d'une rare habileté, sous la direction d'une mère experte en travaux de dames. A dix-huit ans, elle reproduira fidèlement au petit point la composition allégorique de F.-G. Ménageot : l'*Etude qui veut arrêter le temps*. Souvent, tout en brodant, elle lisait Corneille ou Racine, dont elle apprenait à réciter les plus beaux passages.

Aigri par ses déceptions politiques et industrielles, son père était devenu hypocondre. Pris contre sa femme d'une de ces jalousies tardives qui sont des manies séniles, Royer avait quitté Paris, laissant derrière lui sa femme et sa fille, et était revenu se fixer dans son village natal, auprès des petites propriétés qui lui restaient, entre toutes celles qu'il avait dû vendre successivement pour subvenir à ses besoins. En la délivrant du contact d'un héros en retard sur son temps, le départ de son père laissa la jeune fille sous l'influence unique d'une mère à l'intelligence non moins vive, mais plus pratique. Aussi son esprit se développa dès lors avec plus d'indépendance, gagnant en souplesse et en étendue ce qu'il perdait en hauteur et en intensité de sentiments. Reprenant pied sur la terre, elle acquit une vue plus nette de la réalité.

A 18 ans, la Révolution de 1848 vint jeter en son esprit, « comme autant d'éclairs dans la nuit », toutes sortes d'idées nouvelles, y semant à la fois tous les doutes, lui donnant le désir d'en sortir. A sa foi légitimiste, déjà fort ébranlée, succéda une conviction républicaine raisonnée. Sa notion du droit s'était rectifiée. Son idéal était devenu celui de Lamartine et de Michelet. Son esprit en constant travail était entré dans une phase nouvelle. Toutes ces questions qui se posaient en foule devant elle réclamaient impérieusement une solution. D'un bond, son imperturbable logique naturelle la conduisait aux conséquences extrêmes d'un principe, la rendant invincible dans la discussion, lui faisant maints ennemis dans un monde où l'inconséquence et la contradiction régnent à perpétuité. Aussi, était-elle taxée d'esprit fort, affectant l'originalité, alors qu'au contraire, elle ne faisait que s'abandonner à son tempérament naturel.

Le 22 août 1849, le père de Clémence Royer, revenant de sa propriété de la Drouaunière, seul avec son chien, mourut subitement sur la route, à l'âge de 61 ans, succombant vraisemblablement à la rupture d'un anévrisme ou à une attaque d'apoplexie. Ce fut son chien qui attira près du cadavre deux voyageurs qui firent constater la mort par le juge de paix doublé de médecin qui vivait dans une propriété voisine.

Le père de la jeune fille ayant sacrifié sa fortune à ses convictions politiques, la question d'avenir se posa alors pour elle comme pour sa mère qui, elle aussi, dût chercher des ressources dans son travail. D'autre part, le spectacle du monde, le théâtre et les romans, enfin les dissensions familiales, lui faisaient envisager le mariage comme une dangereuse loterie. Ses méfiances instinctives firent échouer les occasions de mariages qui s'offrirent alors à elle. Sa mince dot ne lui permettant pas d'atteindre le mari rêvé, elle ne vit dans le mariage de résignation qu'un guet-apens où elle perdrait son indépendance sans compensation. Aussi elle résolut de se créer une profession.

Si, depuis l'âge de 17 ans, elle tournait facilement des vers, à la mode de ses poètes préférés, lorsqu'elle voulut s'essayer à écrire en prose, elle s'aperçut qu'elle ne savait rien, pas même sa langue, qu'elle parlait d'intuition, par habitude de l'oreille. C'est que son passage au couvent lui avait fait oublier tout ce qu'elle avait appris avant d'y entrer. Si, depuis lors, elle avait lu des écrivains contemporains, la technique du langage lui était néanmoins restée inconnue. Enfin, sur toutes choses, elle n'avait que de vagues notions, mal coordonnées, gâtées en outre par ces erreurs qui constituent le fond de l'esprit moyen des gens du monde.

Ayant pris conscience de son ignorance, elle résolut d'y remédier. Elle recommence toutes ses études, depuis les premières règles de la grammaire et du calcul. Elle s'aperçoit alors qu'enfant, elle n'avait jamais rien compris à toute cette métaphysique du langage et des nombres. En l'espace de deux ans, elle passe trois examens, sans un échec. Au dernier, elle sera reçue avec éloges. Dans le cours de cette acquisition autodidacte de notions nouvelles, deux enseignements l'impressionneront profondément : l'*Histoire Romaine* de Michelet, négation de toute l'histoire chrétienne, lui révèlera le sens de la critique historique ; le *Cours de physique* de Becquerel, négation de tout miracle, qu'elle suit au Conservatoire des Arts et Métiers, lui enseigne les premières leçons des lois cosmiques.

Ayant conquis des diplômes qui lui assurent une profession, elle entre comme professeur de français et de piano dans un pensionnat gallois

du Pembrokeshire, à Haverfordwest, où elle
étudie la langue et la littérature anglaises. En
même temps, le spectacle des querelles des diverses sectes religieuses la sollicite à réfléchir
sur le problème religieux et à réviser ses propres
croyances. Un examen attentif de la foi catholique l'amenant à une conclusion négative, la
conduit à peu près au déisme chrétien des premiers siècles de l'Église. Prétextant de sa qualité de catholique pour ne point suivre les
offices protestants, elle fera chaque dimanche
de longues promenades aux belles ruines his-
toriques des environs, parfois jusqu'au rivage.
Ses impressions qu'elle rédigeait, et envoyait à
sa mère, étaient lues avec intérêt par ses amis
qui se passaient ses lettres ou se réunissaient
pour les lire.

De retour en France, elle passe un été dans un
vieux château de Touraine où elle remplace une
institutrice en congé. Elle y découvre une bibliothèque dans une cachette du mur. C'étaient les
Encyclopédistes, les Philosophes, Michelet, tout
un monde de pensées. Chaque dimanche, assis-
tant à la messe dite par le curé du village dans
la coquette chapelle Renaissance, elle se demande s'il est loyal de pratiquer une religion
à laquelle elle ne croit plus.

Rentrée à Paris, l'hiver suivant, elle va
confesser la perte de sa foi religieuse à un prêtre
dans un confessionnal où, inconnue, elle entre au
hasard : « Pratiquez d'abord, vous croirez ensuite »,
— lui répond-il, — d'après Pascal. — « Non, —
lui réplique-t-elle, — prouvez-moi que vous avez

raison, et je suis avec vous ; autrement, je suis contre vous. Je quitte la situation que j'occupe pour vous faire la guerre ». Le prêtre lui envoya des livres, parmi lesquels le récit autobiographique de la conversion de Veuillot. Vers la centième page, la lectrice rencontre à nouveau la citation de Pascal : « On croit ce que l'on veut ! » Alors, elle ferma le livre et le renvoya au prêtre en lui disant : « Votre livre est immoral. On ne croit pas ce que l'on veut. On doit vouloir ce que l'on croit ».

C'en était fait. L'examen attentif et consciencieux du catholicisme, auquel elle venait de se livrer, aboutissait à sa négation, la ramenant au point où l'avait conduite la poésie, à peu près au déisme chrétien de Channing. Dès lors, la jeune fille ne peut rester en religion dans les demi-mesures. A vingt ans, dès ses premiers doutes, elle avait déclaré nettement à sa mère qu'elle ne voulait plus pratiquer une religion morte pour elle. A présent que sa conviction négative était complète, elle sentait naître en elle comme une prescience inexpliquée d'une mission à remplir dans le monde, d'un devoir impérieux s'imposant à sa volonté et à sa conscience. Rompant soudain tous liens de famille et de société et brûlant ses vaisseaux, afin de ne pouvoir revenir en arrière, elle part pour la Suisse, où l'attiraient ses premiers souvenirs d'enfance, dans l'intention d'y mener une vie d'anachorète et d'attendre dans l'isolement que lui vienne l'inspiration prophétique.

Passant en chemin par Lyon, elle y trouve

une première occasion de mettre en pratique ses convictions nouvelles en consacrant la plus grande part de son maigre patrimoine à secourir les victimes des inondations du Rhône. Si bien qu'elle atteignit Lausanne la bourse à peu près vide. Heureusement, son habileté dans les travaux d'aiguille lui permit de se tirer d'affaire et de payer un modeste loyer de cinquante centimes par jour. Elle ne tarde pas néanmoins à quitter Lausanne, ville remuante et, partant, peu propice à la méditation, pour se fixer à la Tour de Gourze, site solitaire déjà visité par elle dans son enfance. Là, pour la modique somme de vingt francs par mois, elle prend pension dans une ferme isolée, habitée par un vieux couple de paysans. Elle y a pour logement une modeste chambre aux murs nus, meublée d'un grand lit rustique, d'une chaise et d'une table, auxquels elle ajoutera un poêle en hiver. Sa nourriture se composait surtout de laitage, de légumes et de vieux lard, que vint varier une fois un vieux coq, tué accidentellement par un faucon. Ayant laissé en France toutes ses toilettes, elle se rend à Lausanne, vêtue comme les paysannes des environs, coiffée du grand chapeau de paille des Vaudoises.

Elle ne devait pas tarder à s'apercevoir que le genre de vie qu'elle menait à Praz-Perey ne ressemblait guère au christianisme primitif, qui devenu impraticable à la lettre, perdait dès lors le caractère divin dont son esprit l'avait jusque là revêtu. Elle se mit alors à étudier les évangiles que son sens critique lui montra en désac-

cord avec les conditions économiques de la
société moderne et impossibles à pratiquer par
les chrétiens eux-mêmes.

C'est dans cette retraite ensoleillée des monts
de Cully, en tête-à-tête avec une admirable nature, en présence du cadre sublime des Alpes,
dominant le Léman de leurs cîmes bleues, nei-
geuses ou roses, changeant d'aspect à chaque
heure du jour, que la prodigieuse autodidacte
parcourt le cycle entier des connaissances humaines, en deux étés et un hiver, s'attachant
d'abord à sonder les origines du christianisme
dans les ouvrages des exégètes allemands, dont
sa propre logique dépassait les timides conclusions, passant ensuite à l'étude de tous les sys-
tèmes philosophiques dont les sophismes et les
lacunes n'échappaient pas à sa merveilleuse
clairvoyance ; examinant toutes les doctrines
sociales dont elle reconnaissait l'égale fragilité
devant les critiques et l'égale impraticabilité ;
enfin, prenant connaissance des résultats acquis des sciences de la nature en s'imposant
la loi d'en négliger les détails techniques qui
encombrent l'intelligence des élèves de nos
universités. Complétant ses études physiques,
elle parcourt les lois encore incomplètes de la
chimie, les grandes vérités acquises de l'astronomie, les hypothèses sur la physique du globe,
les faits généraux de la géologie et ceux de la
paléontologie, éclairés par la science des êtres
vivants actuels et par les lois biologiques. Enfin,
elle aborde l'histoire de l'humanité. L'histoire
des peuples primitifs, étudiée dans Brotonne et

dans Buchanan, absorbe spécialement son attention. Le grand problème moderne n'était-il pas d'expliquer le passage de l'animal à l'homme dont l'anthropologie préhistorique reculait déjà l'apparition sur cette Terre au-delà de notre époque géologique.

La bibliothèque circulante de Lausanne lui fournissait tous les livres qu'elle pouvait désirer. Pour les jeunes autodidactes qui seraient tentés de recommencer cette grande expérience, nous dirons que la jeune fille lut successivement Lyell, Blumenbach, Hollard, Geoffroy-Saint-Hilaire, Buckland, Humboldt, de la Bêche, Agassiz, Beudant (1857) ; Tacite, le Bagavat-Gita, les lois de Manou, l'Ossian de Macpherson, le Zend-Avesta, la traduction de Platon par Victor Cousin (1857) ; Montaigne, Rousseau, Voltaire, Kant, Cousin, Machiavel, Byron, Chateaubriand, Lamartine, Guizot (1858) ; cette même année, elle lira encore, avec de nombreux livres sur l'Italie, pour préparer le cadre et l'atmosphère d'un grand roman philosophique : *les Jumeaux d'Hellas*, les satires de Perse et de Juvénal, Horace et Tacite, divers ouvrages sur l'histoire et la condition des femmes, dont ceux de Ségur et de Laboulaye. Mais la préparation de son roman ne lui fera pas perdre de vue le but à atteindre ; cette même année, elle entremêlera ces lectures de l'étude de livres arides : le *Manuel de trigonométrie pratique* de Delagrive, le *Cours d'algèbre* de Chavannes, l'*Essai sur la théorie des nombres* de Legendre, le *Cours de mathématiques pures* de Francœur, le *Traité de mécanique* de Poisson, les *Eléments de philosophie chimique* de Davy. En 1859, viendra le tour des sociologues : Fourier, Saint-Simon, Malthus; cette année-là, elle lira aussi Anacréon, Lucrèce et Virgile, parmi les Anciens, et parmi les Modernes, Bossuet, Descartes, Malebranche, Dante et Schiller ; en 1860, elle reprend Humboldt dont les tendances générales l'attirent, ouvre à nouveau Descartes, la *Philosophie de l'histoire naturelle* de Virey, les *Eléments de physique* de Pouillet, y ajoute l'*Astronomie populaire* d'Arago, consulte la collection des *Annuaires du Bureau des Longitudes*. En 1861, elle emprunte trois ouvrages sur l'*Histoire de la Suisse*, les *Histoires* d'Hérodote et de Diodore, l'*Histoire des ducs de Bourgogne* de Barante. Enfin, elle consacre le mois de janvier 1862 à étudier divers livres de science : les *Recherches* de Huber sur les fourmis et les abeilles, les *Principes de philosophie zoologique* de Geoffroy-Saint-Hilaire, la *Géographie universelle* de Malte-Brun, les *Leçons de philosophie* de Laromiguière ; Condillac et Montesquieu, divers économistes : Smith, Say, Dufresne Saint-Léon (1)

Tels furent les matériaux de cette étonnante incubation de notions et d'idées, de cette préparation patiente au grand'œuvre dont « l'ermite de la montagne » ne tardera pas à dégager le plan général. Parfois, elle se rendait à pied à Lausanne pour consulter les catalogues. C'était un trajet d'environ onze kilomètres. Elle partait

---

(1) Nous devons cette nomenclature à la bonne obligeance du Directeur de la Bibliothèque cantonale de Lausanne

le matin et rentrait le soir, dans la pleine obscurité des soirées d'hiver, par des sentiers escarpés et solitaires. Sa volonté la soutenait, lui donnait une force invincible. La croyant devenue folle, sa mère, ses amis firent prendre de ses nouvelles par voie diplomatique. Un jour, la jeune fille vit arriver au châlet de Praz-Perey le préfet du district de Cully qui demandait des nouvelles de son état mental. Elle le reçut elle-même, et bientôt, conquis par ses réponses, étonné de sa science et de son esprit, il voulut bien reconnaître que son état mental ne laissait rien à désirer et qu'il était donné à peu de gens d'en avoir un semblable.

Dès 1858, la philosophe écrit, pour être envoyé à un concours, un mémoire sur Maine de Biran dans lequel on pourrait trouver l'énoncé primitif de sa théorie atomique. Resté manuscrit, ce mémoire, grâce auquel la physicienne eût pu prendre date, figure jusqu'à présent parmi les pièces perdues. En 1859, elle quitte l'asile de Cully et revient vivre à Lausanne pour être à proximité de la Bibliothèque. A cette époque, la philosophe possède déjà le vaste ensemble d'idées, logiquement enchaînées les unes aux autres, qu'elle développera ensuite dans ses écrits. A Lausanne, on se demandait avec curiosité qui était cette jeune fille qui, sur les monts de Cully, lisait les livres les moins dérangés de la Bibliothèque, y recherchant ces traités ou manuels généraux, alors assez rares encore, qui embrassent l'ensemble d'une science ou d'une question nouvelle.

Une occasion ne tarda pas à se présenter pour elle de se révéler. La suédoise Frederika Brenner, déjà universellement célèbre par ses œuvres et très lue dans l'Helvétie protestante, y avait mis en honneur à Lausanne, où elle était de passage, les oratrices américaines. La philosophe en profite pour donner aux dames lausannoises un petit cours de logique en quatre leçons. Encouragée par le succès de sa tentative, elle décide d'ouvrir, l'année suivante, un cours complet, en quarante leçons, de Philosophie de la Nature et de l'Histoire, exclusivement réservé aux femmes, comme l'avait été le petit cours initial. La leçon d'ouverture de ce cours célèbre, seule imprimée, restera un modèle admirable d'éloquence philosophique, rappelant, quant à la forme, le style de Bossuet: « Jusqu'à présent, — dira-t-elle, — la vérité a manqué d'attraits, elle est restée triste et maussade, presque honteuse, laissant à la fable, déguisée sous le nom de poésie, le sourire et l'élégance aimable, les mouvements de la vie, les ornements les plus séduisants de l'esprit. Enfin, disons le mot, la science est demeurée toute empreinte d'un caractère viril, et la vérité n'a été qu'un marbre beau de proportion et de forme, mais glacé et inanimé. Puissé-je être le Pygmalion de cette statue! puissé-je la faire parler et parler un langage intelligible à tous ! C'est ce que je tenterai dans la mesure de mon pouvoir?

Après avoir, pour offrir à ses auditrices, « ramassé un bouquet de fleurs » dans le champ du savoir dont, hardiment, avec un bel irrespect, elle se permet de franchir la clôture, Clémence Royer, dans sa leçon d'ouverture, présente un aperçu de l'ambitieux programme d'étude d'une philosophie à la fois réaliste et idéaliste, matérialiste et spiritualiste, qu'elle propose au jugement des hommes comme à celui des femmes, sans cependant se faire grande illusion quant à l'accueil que devait lui réserver le sexe fort. D'ailleurs, malgré qu'elle ait pris la sage précaution de réserver ses leçons aux femmes, dans une ville universitaire où les étudiants mâles eussent pu venir troubler son enseignement, le terme «doctoral» de *synthèse scolaire* qu'elle emploie pour titre de son projet de cours d'études n'échappe pas à la critique d'un lausannois inintelligent, ce qui fournira à la philosophe l'occasion de donner à son adversaire une petite leçon d'étymologie.

Dans ce cours de Lausanne, Clémence Royer pose le principe de toutes les idées qu'elle développera ensuite dans ses écrits. Pour la première fois, elle y présente au public sa théorie nouvelle des atomes vivants et automoteurs, née à Praz-Perey. En plein triomphe de l'école de Cuvier, avec ses changements à vue et ses « coups d'État créateurs », elle y réhabilite Lamarck, le même mois où Charles Darwin faisait paraître en Angleterre : *The Origin of Species*. Cette hardiesse d'une femme, osant contredire les naturalistes de son temps, mit en rumeur toutes les sectes suisses. Ce fut comme un coup de pied dans la fourmilière des croyants.

Jusqu'alors, ces conférences de Lausanne

avaient eu grand succès. Les femmes de la meilleure société étaient venues l'entendre par snobisme. Mais lorsque la philosophe, expliquant la Bible à sa manière, rangea l'homme, roi de la création, parmi les animaux supérieurs, elle vit son auditoire déserter les réunions. Demandée par la Société neuchâteloise d'Utilité publique, elle va porter la bonne parole à Neuchâtel, au Locle, à la Chaux-de-Fonds, où elle admet les hommes à l'entendre ; à Morges, où elle répète en partie son cours de Lausanne ; à Genève, où des Lausannois fervents se dérangent exprès pour l'écouter. Toute une phalange d'exilés de 1848, dont Jules Barni, lui font escorte dans ses déplacements. Jules Barni avoue dans la suite qu'il avait fait le voyage à Lausanne et à Genève parce qu'il ne pouvait laisser siffler Clémence Royer sans protester. M. Petit-Cassal accourait de Bâle pour assister aux conférences. Par contre, Charles Secrétan, venu pour l'entendre, déclara que sa place était à Berlin alors considérée comme capitale de la philosophie ! A la sortie d'une de ses conférences, elle discutera toute une soirée avec le pasteur Naville, chez Madame Forel, éditeur des œuvres de Vinet, tant aimé des Vaudois. Le pasteur déclarera qu'elle était la seule femme qu'il eût jamais envie de battre. Racontant un jour l'anecdote à une amie, la philosophe avoua que cette apostrophe lui avait causé plus de plaisir que le plus galant des madrigaux. Dans un passage de sa préface à l'*Origine des Espèces*, Clémence Royer remarque incidemment qu'elle rencontra alors chez les protestants suisses les mêmes oppositions que Charles Darwin rencontra vers le même temps en Angleterre.

C'est parce que l'*Origine des Espèces* apportait une confirmation de son enseignement, par malheur resté verbal, que Clémence Royer publia la première traduction française du livre de Darwin : « Il va sans dire, — écrira à ce propos M. Armand Dayot —, qu'auteur et traducteur furent également voués aux flammes éternelles ». Quinze ans après l'apparition en France de cette traduction préfacée, un anti-darwinien irréductible, Constantin James, dans un livre absurde : *Du Darwinisme ou l'Homme-Singe*, osera encore écrire métaphoriquement qu'il faut jeter à la mer cette impie !

II

LA RIVALE DE PROUDHON

En l'année 1860, le Conseil d'État du canton de Vaud met au concours la question de la réforme des impôts à laquelle il songeait depuis longtemps. Un congrès d'économistes se réunit à Lausanne où Pascal Duprat, alors exilé, et chargé d'un cours d'économie politique à l'Académie de Lausanne, avait fondé *Le Nouvel Economiste*. Clémence Royer y avait publié divers articles. Elle y rendit compte du congrès auquel elle assista. Puis, emportant dans sa retraite de Cully une collection des principaux économistes, elle en rapporta un volumineux manuscrit qui, présenté au concours, partagea le prix avec celui de Proudhon, l'auteur déjà célèbre de *la Philosophie de la Misère*, qui venait de publier, sous le titre : *La Justice et la Révolution*, un pamphlet véhément où étaient niées les vertus intellectuelles des femmes dont il réduisait le rôle social aux fonctions de ménagères ou de courtisanes.

Le fait parut si original que la presse s'en empara. Dès lors le nom de Clémence Royer, dépassant l'Helvétie, devint européen. On ne savait rien d'elle. Ignorant sa nationalité, on la fit tour à tour Suisse, Belge ou Française, selon les pays qu'elle traversait. Passant les étés à Lausanne, où la Bibliothèque circulante continuait à lui prêter des livres, elle venait l'hiver à Paris d'où elle allait parler en divers pays. En 1861, elle fait une conférence à Paris, en cette salle de la rue de la Paix où se groupait alors le petit noyau des opposants de l'Empire. Cette même année, dans le *Journal des Economistes*, paraît sous sa signature, sous le titre général : *Des conclusions de la science fiscale*, une remarquable étude en deux parties, dans laquelle, annonçant la publication prochaine de son travail agréé par la commission du concours ouvert à Lausanne, elle résume certaines des conclusions auxquelles elle a abouti en prenant pour guides ceux qui ont mérité d'être acclamés comme maîtres ès-science économique. Elle y montre la science de l'humanité considérée collectivement prenant un développement parallèle à celle de l'homme individuel et aux sciences naturelles elles-mêmes, si bien que l'application de la méthode expérimentale, complétée par la déduction et l'induction, à cette branche de la connaissance, tend à faire entrer la politique, la morale et l'économie sociale dans une voie nouvelle. C'est pour elle l'occasion de remarquer que toutes les branches du savoir, se relient entre elles, « tendant à des résultats parallèles et à des conclusions identiques ». Ainsi semble devoir se réaliser demain « le vieux mythe symbolique de l'arbre de la science ».

En 1862, paraît à Paris son mémoire couronné sous ce titre : *Théorie de l'impôt ou la dîme so-*

ciale, 2 volumes in-8°, formant un ensemble de plus de 700 pages. Elle dédie « aux hommes libres » ce système fiscal de la liberté, ajoutant qu'entre les mains d'un despote, cet instrument de justice et de progrès ne serait « qu'un instrument d'oppression, d'iniquité et de décadence».

Après avoir montré, dans un rapide et lumineux aperçu de l'évolution progressive du système fiscal, qu'il ne résulte point d'un contrat social élaboré de toutes pièces par des législateurs, selon les vues erronées de Rousseau, mais que son développement historique est celui d'un organisme vivant, allant du simple au complexe, de l'embryonnaire au localisé, l'auteur passe en revue les définitions diverses de l'impôt données par les grands économistes : Montesquieu, Smith et Say, Turgot et Mirabeau, voire Emile de Girardin et Pascal Duprat, les trouvant toutes plus ou moins insuffisantes et particularistes, et proposant à son tour une définition plus développée qui fait de l'impôt, au point de vue théorique, « un service qu'on paie, un devoir qu'on remplit, une dette qu'on acquitte ».

Obligatoire et personnel pour chaque citoyen dans la mesure de ses facultés, l'impôt ne doit point peser sur le peuple sans profit pour le trésor public. Il ne doit pas être contraire à la morale et à l'hygiène. Il doit être respectueux des droits naturels de l'homme dans la famille et la cité, autrement dit, de sa liberté civile individuelle. C'est ainsi qu'apparaît condamnable l'impôt en nature, qui a survécu en Chine jusqu'à nous, comme une forme de perception absolu-

ment barbare et incompatible avec nos sociétés
modernes, qu'il ne réussirait qu'à ruiner s'il leur
était appliqué. Abordant la question des douanes
et octrois, Clémence Royer les montre présentant
tous les inconvénients des impôts indirects ; frappant inégalement le peuple et surtout le pauvre,
ils gênent l'industrie, produisant une cherté artificielle des denrées dont tout le monde souffre.
Elle fait cependant une différence entre douanes
et octrois, car si ceux-ci sont « une anomalie, une
absurdité fiscale de notre époque », les douanes
se justifient à certains égards et il est besoin
de douanes bien conçues, limitant les taxes à
certains objets d'usage général ou indispensables,
pour maintenir la richesse fictive d'un peuple au
niveau de celle des peuples voisins par rapport
à la richesse réelle. Moins que toute autre nation,
la Suisse doit s'enfermer dans une ligne douanière ayant pour but d'accroître sa richesse
fictive. Cependant les douanes y formant la
grande ressource du budget fédéral, mieux vaut
conserver la ligne douanière en diminuant le
taux des droits au profit de l'industrie et du
public, l'expérience ayant prouvé que, plus un
tarif est bas, plus il rapporte au fisc. Elle s'élève
avec raison contre les impôts de luxe, qui, diminuant la consommation, ont pour répercussion
une diminution des salaires. Comme les impôts
portant sur des objets de nécessité, les impôts
de luxe détruisent à la fois la consommation
et le contribuable, la suppression de la jouis-
sance de luxe entraînant celle de l'ouvrier de
luxe. Un tel impôt est immoral autant qu'in-

juste : « C'est un droit essentiel pour le citoyen que de pouvoir dépenser comme il veut le revenu qu'il gagne ou la fortune qu'il possède, sans que le fisc vienne mettre dans ses goûts et dans l'assiette de son budget privé une main directrice et aveuglément despote ». Le luxe est un besoin de l'homme complet. Loin de le frapper d'un impôt, il faut en diminuer le prix de revient pour en généraliser la consommation. Las de vingt siècles et plus d'expiations, le siècle demande des jouissances : « il faut les lui donner à bon marché si l'on veut qu'il se les procure par des voies honnêtes ».

Clémence Royer consacre de longs chapitres du tome second au développement de la fiscalité en France, depuis le *census* des Romains, à travers la féodalité, jusqu'à l'époque moderne. Elle montre que si la *dîme royale* de Vauban, ne réclamant qu'un vingtième du produit brut, mais dont le nom était mal choisi, avait été agréée par Louis XIV, cette seule réforme eût pu prévenir toutes les luttes de la fin du xviiie siècle et du début du xixe : « Si l'Angleterre a trop hâté sa révolution pour qu'elle fut complète, la France, l'Europe ont trop tardé à faire la leur ». Enfin, après avoir étudié les avantages et les dangers de l'impôt sur le capital, lequel, soutient-elle, n'est qu'une moitié du système fiscal, dont l'impôt sur le revenu est l'autre moitié, le capital n'étant autre chose qu'un revenu vieilli, elle termine son travail en appliquant son système à double progression à la Suisse et plus spécialement à ce canton de Vaud dont

le système politique, essentiellement démocratique, donne au peuple électeur des garanties
de contrôle sur l'impôt que votent annuelle-
ment les députés. Ajoutons néanmoins que cet
ouvrage, écrit en vue de défendre le principe
de l'impôt direct unique, conclut à un système
fiscal devenu inapplicable avec nos budgets
toujours croissants. Dans un mémoire sur l'in-
cidence de l'impôt présenté à un quart de siècle
d'intervalle à l'Académie des Sciences morales et
politiques, la philosophe apportera des conclusions différentes.

Dans une note ajoutée à son *Traité de finances*,
Joseph Garnier, secrétaire perpétuel de la Société
d'Économie politique de Paris, reprenant l'une
des conclusions du remarquable travail de la
philosophe en soutenant en principe absolu la pro-
gressivité modérée de l'impôt, Clémence Royer,
dans le *Journal des Économistes*, y opposera
sa thèse d'un impôt proportionnel, qui ne doit
être qu'exceptionnellement et transitoirement
progressif, lorsqu'il s'agit de rétablir vite un
équilibre social depuis longtemps troublé. Remède
très actif dans certaines circonstances, la progression « serait un poison à l'état de santé ».
Quant à l'impôt multiple, indirect et impropor-
tionnel, en réalité progressif dans le sens de la
misère, elle se montre d'accord avec son critique
pour le condamner. Les meilleurs impôts, ajoute-
t-elle, sont les plus directs, ceux qui donnent
lieu à moins d'incidences. Et tandis que l'auteur
du *Traité de finances* préconise une enquête per-
manente sur l'impôt foncier, l'auteur de la

Théorie de l'impôt émet l'idée ingénieuse d'un jury fiscal de la propriété agricole, lequel pourrait être composé des conseillers municipaux, les habitants d'une commune rurale connaissant, mieux que quiconque, la valeur vraie actuelle des propriétés comprises dans la commune.

III

LES JUMEAUX D'HELLAS

Ce roman de mille pages. aussi classique de style qu'élevé d'inspiration. aussi riche de sentiments poétiques que d'inductions lumineuses, exprimées en sentences lapidaires, était destiné, dans la pensée de son auteur, à inaugurer un nouveau cycle littéraire, celui du roman d'idées dont les héros ne seraient plus des copies réalistes d'originaux vivants, mais des types en partie imaginaires, des esprits raisonneurs, devançant leur époque, dont l'éloquence discursive, développant plusieurs thèses adverses sur certaines questions philosophiques ou sociales non résolues, forcerait le lecteur à penser, à prendre parti dans la controverse, à se faire sur ces questions une opinion raisonnée.

Les personnages de l'odyssée royérienne n'ont rien de commun, quant à la tournure d'esprit, au langage, aux passions et aux agissements, avec les aimables sceptiques qu'Anatole France fera deviser quarante ans après sous l'Orme du Mail. Tous, en effet, sont des croyants, des adeptes de religions, de conceptions différentes du monde et de la vie, les unes plus ou moins justes, quoique incomplètes et en voie de formation, les autres erronées, agonisantes, et condamnées par le progrès des esprits. Tous ont pris pour principes d'action des règles morales, les unes excellentes, les autres blâmables, à notre point de vue, que chacun d'eux croira devoir suivre comme étant la norme de l'existence humaine en notre temps. Et tandis que la vie de l'infortuné Bergeret se déroulera, banale et monotone, parmi les personnages falots d'une minuscule sous-préfecture, la trame complexe du volumineux roman royérien ne cessera pas de tenir en haleine son lecteur, devenu en quelque manière le spectateur d'un drame shakespearien, avec son long déroulement de situations diverses, toutes palpitantes, toutes d'un intérêt qui ne faiblit pas un instant. Une œuvre d'une tenue littéraire aussi remarquable aura apporté, croyons-nous, la démonstration éclatante de ce fait, souvent contesté, qu'un roman à thèse bien conçu et bien écrit pouvait, à l'occasion, posséder toutes les qualités, revêtir toutes les grâces dont le genre est susceptible et que l'intercalation, au cours d'une œuvre de fiction, de thèses philosophiques développées avec éloquence dans les dialogues ou monologues ne nuisait en aucune façon au pathétique des situations, à la chaleur des passions en présence !...

Deux fils jumeaux naissent à la reine de Naples, au neuvième mois de son mariage. Or, la reine, ayant toujours refusé sa couche à l'époux qu'on lui avait imposé, le roi, ne pouvant souffrir que des bâtards viennent prendre un jour sa succession, tente de les faire mettre à mort et ne recule dans son dessein criminel que

devant le courage tardif de la mère qui, lors de
l'accouchement, se défend avec un couteau de
table contre le geste du médecin du roi, exécuteur des volontés de son maître. C'est ainsi que,
touché par les larmes et la résistance farouche
d'Amalia, le roi fera grâce de la vie aux deux
jumeaux, à condition toutefois qu'ils ne connaî-
tront jamais leur mère. De son côté, la reine doit
jurer de ne jamais chercher à les voir. Si elle
manque à sa promesse, elle mettra en danger les
jours de ses fils. Devenus grands, les enfants
d'Hellas et d'Amalia, Mattéo et Stéfano Mondoni,
sont confiés à la tutelle du père Ricci, dompteur
d'âmes à l'humeur sombre, qui fait de son mieux
pour étouffer l'essor des jeunes intelligences
confiées à sa garde, et vise à aiguiller ses deux
élèves vers la carrière ecclésiastique.

Les premières pages du roman nous trans-
portent sur le rivage du golfe napolitain où nous
trouvons les deux frères en promenade, devisant
sur leur vie présente et sur leurs croyances personnelles, aussi dissemblables que leurs tempéraments et que leurs penchants, ce qui ne les
empêche pas de bien s'aimer entre eux, mais
d'un amour différent, comme leurs idéaux, et
comme leurs personnalités psychiques, bâties
sur deux modèles antithétiques. Nous les voyons,
objets des attentions affectueuses de la reine
et se méprenant l'un et l'autre sur le genre de
sentiments qu'elle leur témoigne, durant les
courts instants où il lui est possible de se rapprocher d'eux furtivement. Nous assistons notamment à l'entrevue nocturne d'Amalia et de

Mattéo sur un banc de marbre du parc royal, à l'issue d'un souper intime et à la veille du jour où le Mondoni va mettre à exécution ses projets d'exil. Cette entrevue au clair de lune, où les baisers maternels sont pris par Mattéo pour les baisers d'une femme adultère, le fils d'Amalia, blasé des plaisirs, et préférant désormais le bien moral au bien des sens, en fait part à Stéfano dans une longue épître où il lui annonce son brusque départ pour une destination qu'il ignore lui-même : « Je veux échapper à l'air ambiant pour me refaire autour de moi une atmosphère plus pure et plus transparente... » « Pour regarder plus froidement, pour juger en juge plus impartial, je me défendrai de jouer un rôle dans la comédie humaine. J'en serai le simple spectateur. J'imposerai silence à mes instincts, à mes sentiments. Je garderai au milieu des passions d'autrui l'indifférence du stoïque et la froideur de l'ascète... Je serai solitaire dans la multitude, immobile au milieu du mouvement incessant qui emporte nos générations, inerte en face de l'activité. Je me défendrai d'agir pour mieux contempler les actions de tous, et dans le bruit universel, dans le tourbillon des disputes, j'observerai le silence de Pythagore. Je regarderai, j'écouterai, je palperai attentivement le monde physique et moral pour en faire l'analyse en chimiste, pour le mesurer et le compter en mathématicien ». Il est évident que l'auteur prête ici au jeune Mondoni son propre procédé d'étude qui consiste à laisser agir sur l'esprit la multiplicité des faits pour en tirer toutes leurs inductions avec une rigueur logique que ne vient point troubler le tumulte des villes où l'on cesse d'être soi. Telle avait été précisément la méthode suivie à Praz-Perey par la jeune philosophe, et dont elle s'était trouvée si bien : « Savoir, aspiration immense de l'esprit, désir inassouvi de connaître, je te salue. Toi seul dois être l'amour infini, la passion sans terme, l'attrait qui ne s'use pas, la soif que rien n'étanche, la faim que rien n'apaise, et cependant le breuvage qui étanche toute soif, le pain qui seul rassasie l'âme, l'amour qui tient lieu de tous les amours. O Science, ô vérité, ô raison, lois de la pensée et de l'être, vous êtes mes dieux. Je vous adore ! » Quel lyrisme dans ces pages merveilleuses ! Quel enthousiasme sacré pour la Science !...

De même que Mattéo cesse brusquement sa vie licencieuse pour faire son voyage de découvertes, de même son amante et sa cousine germaine, la tragédienne Léona, à la fin d'un souper où elle avait réuni ses anciens amants, leur jette au visage des paroles de flétrissure qui les laissent muets, avant d'aller rejoindre Mattéo « pour le protéger contre les dangers du chemin inconnu qu'il se trace ». Avant de partir, Léona obtient du cardinal Barbeschi des confidences sur le mystère de palais concernant les Mondoni. Le cardinal, rentré dans ses appartements, mande Ricci pour l'interroger sur les motifs de la fuite de son élève Mattéo. Toute cette scène entre ces deux hommes de caractère antithétique est d'un pathétique intense. Deux conceptions opposées du rôle de l'Église envers l'humanité se confrontent dans un long dialogue au cours duquel Barbeschi reconnaît que l'Église, inapte à se réformer elle-même, est perdue, que son rôle vivifiant est fini, qu'elle n'est plus désormais que la ruine qui résiste par son propre poids aux injures des éléments qui la menacent...

Antérieurement à cette phase nouvelle de l'évolution de son esprit, Mattéo, ayant perdu la foi, et ne trouvant pas de guide sûr en une science inachevée, en une morale sans base rationnelle, s'était laissé entraîner par ses passions, que ne contenait aucun frein, dans une vie à la Don Juan qui eut au moins ce résultat heureux de lui faire connaître et apprécier son siècle qu'ignorait l'ascétique Stéfano. D'ailleurs, la conduite scandaleuse de Mattéo rentrait trop bien dans les plans secrets de Ricci pour qu'il ne la favorisât pas de tout son pouvoir. La débauche des sens n'était-elle pas le bon moyen d'énerver l'intelligence et la volonté d'un élève aussi fièrement rebelle à toute autorité intellectuelle et de lui enlever cet ascendant que sa noblesse de sang et sa hauteur de vues lui vaudraient un jour sur les masses ? Aussi le jésuite, ayant travaillé à établir comme une cloison spirituelle entre les deux frères pour faire servir à ses fins leurs tempéraments opposés, jette adroitement dans les pas de Mattéo le fils d'une patricienne romaine, le jeune Fabio Colonna, mal instruit dans son enfance par les prêtres, et manquant d'une règle morale pour contenir ses passions d'adolescent. Gagnant alors la confiance de Mattéo, le jeune débauché, dont Ricci se fera le confident et le complice, réussit par un stratagème infernal à lui faire croire à la traîtrise de cette Lucie qu'il aimait, de cette fille d'Orlowski et de Johanna, sœur de la reine de Naples et réputée à Rome pour sa bienfaisance éclairée. Un billet de Lucie, arraché par Fabio, et placé sous les yeux de Mattéo, lui fait croire à un rendez-vous de Lucie avec un étranger. Un breuvage versé à Mattéo dans un souper avec son ami Fabio, lequel était en réalité un rival, évincé par Lucie, trouble la raison du fils d'Hellas qui, fou de passion et de colère jalouse, ira commettre sur son amie un outrage qu'il regrettera sitôt commis, puis s'efforcera d'oublier en allant faire d'autres victimes. Quant à Fabio, frappé de folie, on le retrouve, au bout de cinq années, dans les souterrains du palais Metellini, qu'habitaient Orlowska et sa fille Lucie, où il s'imaginait être descendu dans l'enfer, et où il menait réellement une existence de damné !...

Une passion ardente, héritée de son père Hellas, brûle également en Stéfano. Mais cette passion, dévoyée, elle aussi, de son but naturel, l'amour vrai, s'est muée en une adoration mystique d'un dieu qui remplace en son cœur les maîtresses de Mattéo. Plus tardivement que son frère, Stéfano, échappé, à travers maintes aventures, aux poursuites des émissaires du roi de Naples, avait finalement trouvé un refuge en Suisse auprès de la comtesse Orlowska et de

Lucie, dont il avait subi l'influence spirituelle
et qui, graduellement, l'avaient amené à rejeter
comme une dépouille inutile les enseignements
reçus de Ricci. C'est à Rome, sur le Monte
Pincio, où Mattéo lui avait donné rendez-vous
au lever du jour, que s'achèvera la conversion
de Stéfano. Les révélations de son frère sur la
Rome des papes réussissent à le troubler profondément. Ses yeux s'ouvrent enfin, et Rome
cesse de lui apparaître comme « le sanctuaire
vénéré de la vrai foi ».

Cependant un trio constitué par le roi de
Naples, son médecin Gassi et Ricci n'a cessé de
menacer la liberté, sinon la vie, des deux frères,
enfin délivrés de la tutelle du jésuite. Un geste
spontané de Lady Howard, l'ambassadrice
d'Angleterre, l'amie et la confidente de la reine,
soustrait son protégé Stéfano à la fiole de poison
que lui destinait Gassi. En faisant transporter
Stéfano à l'ambassade pour le soigner, l'ambassadrice s'est compromise aux yeux de son mari
qui réclame une réparation publique... Et tandis
que l'ancienne maîtresse de Mattéo, la courti-
sane Léona, déguisée en homme, et ayant adop-
té le nom masculin de Chrysès, réussit à faire
sortir son ami du cachot où le saint-office les
avait jetés tous deux, sur la dénonciation de
Ricci, Stéfano, grâce à l'intervention d'un bandit
protecteur, Gioachino, aidé de Mattéo délivré,
échappera à ses poursuivants durant sa fuite
nocturne à travers les marais Pontins vers
Rome, Gênes et la Suisse.

Cependant le mécontentement de la population napolitaine contre la cour et les jésuites, prodrôme d'un orage prochain, inquiète la reine Amalia qui mande Stéfano au palais de Capo di Monte pour l'aider à délivrer sa sœur Christine, fille légitime de la reine, de l'union avec l'ambassadeur d'Angleterre que lui impose le roi. Répondant à l'appel de sa mère qui avait eu le pressentiment de sa fin prochaine, l'imprudent Stéfano, alors à Rome avec Orlowska et sa fille, se rend au palais royal où Ricci le fait arrêter. Il ira rejoindre au Château de l'Œuf Barbeschi, coupable d'avoir fait libérer Chrysès en usant d'un stratagème. Enfin Barbeschi et Stéfano, martyrisé sur l'ordre de Ricci, seront délivrés et montés sur le pavois, avec Mattéo, le jour de la victoire du peuple sur la vieille monarchie napolitaine, victoire éphémère, que ne tardent pas à annuler les baïonnettes des puissances étrangères, liguées en une nouvelle Sainte-Alliance et, finalement le Vésuve lui-même, dans un cataclysme effroyable où Naples est engloutie toute entière dans la terre entr'ouverte...

Nous n'avons pu dans ce chapitre qu'esquisser les grandes lignes de ce chef d'œuvre unique, demeuré pour ainsi dire complètement inconnu, à l'époque de son apparition, par l'effet de l'interdiction administrative qui consigna le livre à la frontière. On trouva que certains chapitres attaquaient des choses établies. Quoique roman, on mit le livre sur le même pied que les ouvrages de critique de Larroque et Miron,

sans doute pour être agréable à Mgr de Bonne-
chose et aux autres adhérents de la pétition
Merlin de Thionville. L'ouvrage ne devait pénétrer en France qu'après 1870. Enfin, *les Jumeaux d'Hellas* furent mis à l'index à Rome.
S'attaquant à la fois aux législations surannées,
aux monarchies de droit divin et à l'Église
elle-même, qu'il montre incapable de progrès
et incompatible avec la vie du monde moderne,
y opposant enfin les principes d'une religion plus
saine et plus pure, et ceux du droit social modernisé, réellement conformes à la justice et
inspirés par la raison, l'auteur attirait par là
sur son livre si fier, si courageux, la double
excommunication du pape et de l'empereur,
ce qui n'était pas un mince honneur pour un
écrivain féminin âgé de moins de sept lustres...

Dans ce roman magistral, si riche de sentiments et si plein d'idées neuves, Clémence
Royer dénonce les aberrations mystiques de
l'instinct religieux, qui n'est que l'instinct ou le
besoin de la curiosité humaine, imaginant ce
qu'elle ignore. Elle y étudie, dans les mœurs
et les opinions de ses héros fictifs, les aspects
divers du problème des sexes. Le souci de lui
apporter des solutions neuves paraît l'avoir
inspirée à une époque où le divorce n'existait
pas. On peut dire que l'intrigue des *Jumeaux
d'Hellas* illustre par maints exemples variés le
caractère immoral de cette vieille loi qui aura
si longtemps régi l'amour et le mariage, en déclarant celui-ci indissoluble et en entachant d'in-
famie, du côté de la mère seule, l'acte procréa-

teur accompli en dehors des règlements civils et religieux. De même, la philosophe y soulignera, en des pages admirables, la folie malfaisante de cet esprit conquérant, de cet instinct de rapine et de domination qui fit que la Rome tentaculaire des Césars, matrice et génératrice de celle des Papes, se substitua à la Grèce intellectuelle et civilisatrice dans le gouvernement du monde, pour le grand malheur de l'humanité, retardée ainsi de deux millénaires dans la voie de ses progrès pacifiques. Dans l'amusante histoire de Gioachino, brigand romagnol, déguisé en moine mendiant, voire en gendarme pontifical, elle y fait toucher du doigt, pour ainsi dire, l'origine première de la propriété, d'abord basée sur la force ou sur la ruse du premier occupant, ou du rival heureux, plus rusé ou plus fort que lui. Déjà aussi, anticipant sur son *Origine de l'Homme*, elle y souligne les désavantages de la vie sauvage, de cet « état de nature » cher à Rousseau. Elle y oppose les bienfaits évidents, tant pour l'individu que pour l'espèce, du commensalisme, de l'universelle mutualité des services, et la nécessité inéluctable de l'instinct social pour permettre à l'humanité de triompher des multiples causes de mort qui la menacent. Déjà, la loi naturelle de réciprocité des services, complément nécessaire de la loi de concurrence vitale, se trouve éloquemment formulée par Mattéo qui, dans la solitude désertique où l'a conduit sa vie errante, en arrive à conclure vite aux avantages de la vie sociale et à sentir que l'isolement de l'homme social moderne au milieu d'une nature hostile lui est pénible. Anticipant sur les principes de cette téléologie nouvelle qu'elle formulera ultérieurement dans : *le Bien et la loi morale,* la philosophe y esquisse ensuite le rôle admirable de conservatrice, d'organisatrice et de régulatrice de la vie terrestre qui incombe à une humanité civilisée, mieux instruite qu'aujourd'hui de ses vrais devoirs envers ces frères inférieurs « auxquels la nature a donné cependant des droits à la vie ». Elle y rédige enfin dans sa conclusion, les articles d'un nouveau contrat social, plus logique que l'ancien, qui, plaçant le devoir en face du droit, assure la liberté sous une autorité reconnue et s'harmonise avec la nature des choses. Un des postulats scientifiques de la nouvelle charte, qui se borne à constater la réalité, c'est que l'état social a pour but de prévenir le heurt et la destruction mutuelle des forces physiques, intellectuelles et morales de l'espèce « et d'en favoriser le développement de la manière la plus avantageuse à tous ». En outre, la loi, pour s'accorder avec la nature, qui fait tous les êtres inégaux, ne peut assurer aux membres du corps social qu'une égalité initiale de liberté. La loi qui ne crée point le droit ni la liberté, ne fait qu'appuyer l'individu dans la revendication de ses droits, dont il doit préalablement avoir conscience. Vient ensuite le code des devoirs de l'homme social envers lui-même, envers autrui et envers l'humanité. Les devoirs des générations vivantes, visant à la conservation, à la multiplication et au progrès de l'espèce, sont réciproques aux droits des générations futures.

Après ce préambule remarquable, où l'on reconnaît déjà la tournure d'esprit de la commentatrice de Darwin, vient le projet de constitution, basé sur l'idée d'un État hiérarchique, fédération de provinces, elles-mêmes fédération de communes. En rapport avec les étages successifs de ce cadre fédératif, la loi nouvelle institue un sénat municipal, élu par les couples civiques ; un sénat provincial, élu par les sénateurs municipaux ; et au sommet de cette hiérarchie administrative, trois conseils élus par les sénateurs provinciaux : un Grand Conseil National de la Justice, dont les membres, chargés de la conservation ou de la préparation des lois et de l'organisation judiciaire, doivent être docteurs en droit ; un Grand Conseil National de l'instruction publique, chargé de l'organisation universitaire ; un Grand Conseil National de l'Hygiène et des Mœurs publiques, chargé d'organiser les secours sanitaires et le service médical, ainsi que d'émettre des projets de décrets, concernant l'hygiène et la moralité publique. En outre, un sénat national, issu de l'élection des sénateurs communaux, a pour attribution la discussion et la rédaction des lois générales. Parmi les dispositions concernant les biens, l'auteur revient sur sa thèse, développée en juin 1861, dans sa lettre à Joseph Garnier, concernant le droit de propriété des corporations, d'après laquelle la loi devrait refuser de reconnaître la propriété de mainmorte, aucune corporation ou société ne pou-

vant être considérée comme personne civile
où les membres sont tenus de s'absorber dans
une unité factice. Ainsi se trouverait entravée
l'extension illimitée des corporations, mises dès
lors dans l'impossibilité de se survivre à elles-
mêmes et à leur but moral.

IV

UNE PAGE D'AMOUR

« Pour toute femme, je ne comprends pas de bonheur conjugal possible, sinon près d'un époux dont elle partage toutes les pensées, et auquel sans crainte elle peut dire toutes les siennes ». Ainsi s'exprime la raisonneuse Johanna, l'une des figures les plus remarquables du roman à thèse : *les Jumeaux d'Hellas*, qui en renferme tant. Or, Clémence Royer devait, la trentaine passée, joindre l'exemple au précepte, en prenant pour compagnon le compatriote et ami d'Arago, le publiciste et économiste Pascal Duprat, qu'elle avait antérieurement connu à Lausanne et dont elle avait apprécié les rares qualités comme sociologue avant de s'unir à lui pour la vie, en 1863, à l'issue des assises du Congrès de l'Association internationale des Sciences Sociales, tenu à Gand, où tous deux avaient pris la parole dans les grandes assemblées. On raconte que la présentation à Pascal Duprat du texte, encore manuscrit, de son grand roman philosophique, par la jeune savante, en lui méritant l'admiration de cet homme au grand cœur, aurait contribué à le conquérir.

Vers la fin du second Empire, de 1865 à 1868, nous trouvons la philosophe fixée en Italie où Pascal Duprat, abandonnant son ancienne vie de famille, l'a suivie. En juillet 1865, Clémence Royer, de passage à Paris, cherche un éditeur pour : *l'Encyclopédie et ses auteurs*, de Pascal Duprat, livre clair et d'une lecture facile « dont la pensée est polémique bien que la forme soit mesurée ». Dans les premiers mois de 1868, la philosophe et son ami sont encore « en exil » à Florence où ils vivent absorbés par les soins de la famille qu'ils se sont créée. De la villa Morelli, où ils résident, Clémence Royer s'occupe du placement dans la presse française de son nouveau roman : *Jeunesse d'un révolté*, qui commença à paraître l'année suivante dans *Le Citoyen*, mais dont la publication se trouva interrompue par la mort de cet organe. Ce roman historique, que son auteur avait en vain présenté au *Temps*, qui l'avait refusé, les hardiesses d'opinion y exprimées dépassant de trop loin celles de ses abonnés, fait revivre un épisode de 1848. « C'est, écrit alors Clémence Royer, un roman d'idées et de sentiments plus que d'action ».

La philosophe gardera jusqu'à la fin de ses jours le plus radieux souvenir de Florence. On raconte que dans la maison où il vivait, le ménage habitait une pièce unique, mais démesurément grande, qu'un système de rideaux divisait en compartiments affectés respectivement à usage de salle à manger, de cabinet de travail, de salon, de chambre pour l'enfant, de chambre à coucher. Là se passa la prime enfance de ce

fils étrange, mi-nordique, mi-méridional, qui
avait hérité de la faconde paternelle, de l'esprit
philosophique de sa mère et du goût d'aventures de son aïeul maternel.

Note additionnelle à « L'Origine des Espèces ».

Autographe sur épreuves de la traduction française.

V

CLÉMENCE ROYER TRANSFORMISTE

Un éminent compatriote de Clémence Royer, M. Charles le Goffic, a émis un jour l'opinion que la traductrice de Darwin fut supérieure à la philosophe qui, à l'en croire, n'aurait d'autre titre à la reconnaissance de la postérité que le seul fait d'avoir introduit en France le livre célèbre du naturaliste anglais. Nous lui laissons toute la responsabilité de son assertion, qui nous prête seulement à sourire...

« Si j'ai voulu initier le public français à la théorie de sélection naturelle, écrit la philosophe en juillet 1873, c'est qu'elle était la confirmation éclatante de celle de Lamarck, que j'avais adoptée et défendue avant que M. Darwin eût encore rien publié à ce sujet, et parce qu'elle m'a paru renfermer une vérité féconde pouvant servir de lien et de principe commun entre les sciences physiques en progrès et les sciences morales en retard, faute de cette base solide qui leur a toujours manqué jusqu'à ce jour » (1).

Clémence Royer avait, en effet, dans son *Cours de philosophie des femmes* professé à

____

(1) *Lettre à M. le Président de l'Académie des Sciences morales et politiques.*

Lausanne en 1859-60, osé soutenir la théorie évolutive de Lamarck. Comme elle s'était alors bornée à publier la seule leçon d'ouverture de son cours, chef-d'œuvre d'éloquence philosophique, où subsiste un dernier vestige de cette foi mystique, acquise dans son enfance, qui ne tardera pas à disparaître entièrement de ses écrits, Charles Darwin la devança dans la revendication du transformisme en publiant la première édition anglaise de son livre (1860). Clémence Royer, dont la thèse verbale sur la parenté de l'homme et du singe lui avait attiré des caricatures et des lettres sans bienveillance, la plupart anonymes, de biblistes fervents, se mit à traduire Darwin en réponse à ses contradicteurs protestants d'Helvétie.

De la traduction elle-même, nous dirons seulement que l'on retrouve en elle, fidèlement rendue, comme dans un miroir, la probité, la sobriété du texte anglais. Nul doute que cette première traduction française, qui donna pleine satisfaction à Darwin, sera considérée demain comme classique et seule retenue, comme étant la meilleure, la plus réellement darwinienne de toutes celles parues en France jusqu'à ce jour.

Dans une des notes si lumineuses dont elle fera suivre sa traduction, notes qui, de l'avis des connaisseurs, ont une portée philosophique supérieure au livre même, et qui le dépassent également quant au style, la philosophe esquisse à grands traits, conformément aux principes darwiniens, les maîtresses branches de l'arbre de la vie, sans prétendre définir nettement la lignée généalogique des diverses classes de vertébrés. Cette note 45 constitue à elle seule un admirable tableau d'ensemble du déroulement des formes vivantes sur la scène du monde, au cours des temps géologiques. On les voit se succéder, se pourchasser, se sélectionner, se supplanter dans une fresque colorée où elles défilent comme dans un film devant les yeux de l'esprit. Il est curieux de voir Haeckel, en 1867 et 1868, développer les principes résumés dans cette longue note et se les approprier dans les éditions successives de son *Histoire de la Création naturelle*. En bon Allemand, le naturaliste d'Iéna se borna à confirmer l'aperçu général de série généalogique dès lors formulé par la savante, mais son souci d'entrer dans des détails et de tracer des schémas théoriques précis, l'exposera à commettre des erreurs dont avait su se garder Clémence Royer. Si, en effet, nous savons aujourd'hui que tous nos groupes supérieurs de vertébrés sont les descendants généalogiques des premiers vertébrés ichthyoïdes, nos paléontologistes devront renoncer à établir, parmi toutes les formes ou séries de formes perdues, la véritable filiation de chaque genre. Le grand tort d'Haeckel aura donc été de pousser à l'extrême le monogénisme de Darwin.

Parmi les 105 notes ajoutées par la traductrice aux éditions françaises successives de *l'Origine des Espèces*, plusieurs méritent l'attention des pédagogues autant que des savants. La note 30 résume admirablement les principes généraux du transformisme. La traductrice y

complète la théorie de sélection naturelle par
l'action locale des conditions de vie, productrice
de variations utiles, que l'hérédité se charge de
fixer. La note 49 sur la phosphorescence animale anticipe d'un demi-siècle sur les belles
recherches de Raphael Dubois ; la note 51 traite
de la rétrogression partielle de l'organisme des
mammifères amphibies et des cétacés, apparus
tard dans les couches géologiques, à d'anciens
caractères perdus qui auront permis à ces mam-
maliens, habitants des lacs, après qu'ils eurent
descendu le cours des fleuves, de se réadapter
à la vie pélasgique ; les bien curieuses notes 52
à 65 traitent des mœurs des abeilles, fourmis et
pucerons, de l'instinct constructeur des abeilles
et des guêpes, enfin de la stérilité des fourmis et
des abeilles ouvrières, qui n'est peut être qu'une
résultante du développement de leurs instincts ;
la note 83 souligne la magnificence de la végétation houillère, dont nos prèles des marais et
nos fougères herbacées ne seraient que les représentants décadents ; dans la note 89, enfin, réfu-
tant la thèse des espaces inégalement froids de
Poisson, avec celle des écrans cosmiques de
Babinet, et montrant l'incompatibilité avec la
théorie de Darwin de l'hypothèse d'un abaissement temporaire et général de la température,
Clémence Royer rend compte de la périodicité
des phénomènes glaciaires en admettant un lent
déplacement séculaire des pôles terrestres qui,
par leurs retours pédiodiques sur les mêmes
régions, régleraient le rythme d'une grande année
géologique, avec ses saisons, dont la récurrence

dans les mêmes lieux aurait mesuré la durée des époques géologiques révolues.

La préface de Clémence Royer à la première édition du livre de Darwin est un morceau de littérature philosophique destiné à devenir classique le jour, prochain sans doute, où la synthèse royérienne, élevée au rang de doctrine d'État qu'elle mérite, fera partie intégrante de notre enseignement national à tous ses degrés. La troisième édition, parue en 1870, est précédée d'un avant-propos additionnel de la philosophe. Ayant gardé toute son indépendance vis-vis de l'auteur de l'*Origine des Espèces*, elle fait toutes réserves quant à l'hypothèse spécieuse de la *Pangénèse* au moyen de laquelle le naturaliste anglais, reprenant à son compte les germes de Bonnet et les gemmules de Buffon, cherche à expliquer les phénomènes de l'hérédité, jusqu'alors si mystérieux. Elle y montre le « germe de cellule » comme une très fausse notion du germe vivant qui, lui enlevant son caractère de phénomène physique, en fait une « entité métaphysique », un simple point géométrique, sans analogue dans la réalité. Pour elle, la Pangénèse de Darwin, comme la Panspermie de Pasteur, est une hypothèse sans base. Un germe est effet, non cause. Il n'est pas un point de départ de l'organisme, mais un premier produit.

La même année, à la Société d'Anthropologie de Paris, dans ces éloquentes *Remarques sur le Transformisme* qui devaient être tant commentées par ses collègues, Clémence Royer soutient que le prototype unique de Darwin doit avoir été au moins numériquement multiple, qu'il ne peut avoir été un individu unique, isolé, qu'il ait été algue, infusoire ou phytozoaire. Unité morphologique du prototype, multiplicité numérique de ses représentants, telle est la formule conciliatrice des conceptions divergentes alors admises qui, dans l'*Origine de l'homme et des sociétés*, va lui permettre de reprendre, pour la développer, cette thèse d'après laquelle, dans l'arbre infiniment ramifié de la vie, chaque ordre, chaque famille, voire chaque genre, proviendrait de souches primitivement parallèles, sorties de germes distincts, et dont certaines « particularités histologiques » spéciales à chacun d'eux auront pu, dans la suite des temps, décider de leur évolution généalogique particulière. Cette différenciation des phyllums, parallèles à l'origine, aurait résulté à la fois de l'accentuation du relief terrestre et de l'apparition de cycles saisonniers. Finalement, après avoir montré que la faculté de fécondation mutuelle entre les formes organiques était un critère possible, soit de leur consanguinité, soit de leur diversité phylétique originelle, Clémence Royer tire cette conclusion, déjà implicite en la note 45 précitée, que l'on ne doit point espérer trouver « un nombre infini de formes ou chaînons intermédiaires » entre les formes organiques actuelles dont les analogies morphologiques n'impliquent point la parenté généalogique (1).

---

(1) *Origine de l'Homme,* p. 49-50.

Au cours des années qui suivront, l'avancement de sa conception de l'atome vivant et sentant, doué de force et de pensée virtuelle à un degré quelconque, va permettre à la philosophe de reprendre, avec une argumentation plus riche et plus serrée, les critiques émises dans sa préface de 1870 contre le faux système des petits germes emboités les uns dans les autres et d'y opposer, en 1877, dans un long mémoire, cette thèse géniale de la *Dynamogénèse* qui fait des phénomènes de la génération les résultantes de jeux de forces aux inter-actions immensément compliquées. Cette hypothèse rend compte de tous les modes connus de reproduction : bourgeonnement, scissiparité, hermaphrodisme, dioïsme ou dimorphisme sexuel, voire la reproduction des monstruosités, la régénération des organes ou téguments mutilés, ainsi que le phénomène, mal expliqué, des excroissances cancéreuses.

La sexualité et l'hérédité n'apparaissent plus dès lors que comme des faits accidentels et tout contingents qui peuvent fort bien ne point exister en d'autres mondes. La différenciation progressive des sexes, au cours des temps, n'aurait rien en soi d'absolument nécessaire. L'élément mâle n'agit sur l'élément femelle que pour communiquer à l'ovule ce que la philosophe a si bien nommé *la chiquenaude organisatrice*, ce complément de mouvement vital dont il a besoin pour se développer. L'hérédité pourrait ainsi se définir comme l'impulsion organisatrice transmise par les ancêtres aux descendants. C'est une ligne qui reste droite tant que les forces composantes sont parallèles, mais dévie de la droite quand elles s'écartent du parallélisme (1).

Rédigée en l'année 1882, l'*Histoire de la Philosophie de l'Evolution* obtint une récompense de 1.500 francs sur les 2.000 francs du legs Crouzet. Après y avoir étudié les premiers concepts de la philosophie naturelle dans les anciennes mythologies de l'Orient et dans les écoles grecques, après y avoir montré la philosophie moderne marchant à la suite de Bacon sur la route tracée par le lumineux génie des penseurs ioniens, Clémence Royer traite de l'évolution de la vie d'après Lamarck, Darwin et leurs précurseurs. Elle y réédite, en la développant, l'argumentation de son travail sur le Darwinisme paru en 1880 dans le *Dictionnaire des sciences médicales* ; elle y montre la conception incluse dans le livre de Darwin comme étant, « moins une théorie nouvelle qu'une réfutation serrée, pressante, par des faits et des lois, de toutes les objections faites à la doctrine de Lamarck ». Ce livre, œuvre de toute sa vie, « restera l'impérissable monument de sa gloire devant la postérité reconnaissante ».

Dans une communication fort remarquable présentée à la Société d'Anthropologie de Paris, dans sa séance mensuelle du 6 février 1890, Clémence Royer rapproche de l'attitude bipède

____

(1) *Deux hypothèses sur l'hérédité.*

prise occasionnellement par le *Chlamydosaurus*
d'Australie, l'attitude tripède de l'iguanodon du
wealdien d'Angleterre, classé comme reptile la-
certien par Mantell, mais que la savante croit
avoir été probablement un animal à sang chaud,
à circulation complète, comme plusieurs autres
herbivores géants, ses contemporains, classés
arbitrairement parmi les reptiles (1). Forme de
passage entre les reptiles et les mammifères,
l'iguanodon peut avoir été ovovivipare plutôt
qu'ovipare, avec les glandes mammaires, mais
sans la poche mammaire des didelphes, qui
devraient être alors considérés comme un rameau
parallèle à celui des monodelphes, et non comme
un de leurs stades d'évolution selon Haeckel.
Elle conclut que les seuls vrais caractères phy-
logéniques, indiquant un lien de consanguinité
quelconque entre les formes vivantes, doivent
être cherchés, non dans les modes respiratoires
ou les enveloppes de l'œuf, mais «dans la forme
générale» qui, sous les phases pélasgiques de
chaque souche, «présentait déjà les traits principaux qu'elle conserve chez ses dérivés terrestres et qui n'ont fait que se caractériser davantage».

L'année suivante, dans *la Société nouvelle* de
Bruxelles, la philosophe, constatant que les
propriétés de la cellule résident dans le mode
d'agrégation et d'activité de ses éléments chi-

---

(1) *Sur la phylogénie. A propos d'un lézard bipède.* Bulletin
de la Société d'Anthropologie de Paris, année 1890.

miques, revient sur le caractère dynamique du phénomène vital, dont la production serait due à l'intervention d'agents impondérables « qui échappent par leur nature à la balance des chimistes ». Il est certain, affirme-t-elle, que les agrégats de matière rendue vivante renferment en eux quelque chose de spécial qui manque dans les autres : « Est-ce une force, est-ce une substance, ou une substance douée de certaines forces et d'activités spéciales ? (1) ». « L'explication du mystère profond de la vie, — dira-t-elle dans un travail ultérieur, — est au delà du visible et du palpable, dans l'informe et l'incolore, aussi bien que dans l'impondérable, dans cet incoercible 'et diaphane éther qui se manifeste par ses forces, mais qui échappe à tous nos sens, faits uniquement pour nous mettre en relation avec le monde des corps pondérables et proprement dits, matériels » (2).

---

(1) *L'année scientifique*, la Société Nouvelle. 30 avril 1891.

(2) *Les Sciences de la vie en 1891*, la Société Nouvelle. 30 octobre 1891.

VI

LA THÉORIE ROYÉRIENNE
DE L'ÉTOFFE DU MONDE

Tandis que l'atomisme électroniste, dont les champions les plus notoires, en France et en Angleterre, sont les premiers à reconnaître les insuffisances, n'est qu'une exagération de l'atomisme d'Épicure, sortie de l'esprit fumeux des physiciens britanniques, qui, depuis trois décades, paralyse l'essor de la physique théorique, très en retard chez nous sur la physique appliquée, le substantialisme dynamiste de Clémence Royer, développement modernisé de l'atomisme moniste des Abdéritains, réussit à expliquer très simplement la série entière des faits généraux du monde sensible, avec sa monade substantielle, c'est-à-dire vivante, active, automotrice, s'organisant elle-même en vertu de ses virtualités intrinsèques.

Centre ou foyer d'émission d'une force d'impénétrabilité rayonnante, l'unité substantielle élémentaire ou *atome* ne serait pas ce minuscule grain de sable ou de farine indéformable, passif et sans virtualités, qu'admettaient les atomistes-mécaniciens de la vieille école ; ce système solaire ultra-microscopique que, contre toute logique, s'obstinent à voir en lui nos électronistes de toutes nuances. L'élément premier de la substance cosmique n'est pas, ne peut pas être ce perpétuel miracle que l'on nous représente, se soutenant et flottant dans le vide en soi, s'y fragmentant en « sous-atomes », captant et retenant prisonniers, comme autant de satellites, un cortège d'électrons animés de vitesses affolantes et dépensant leurs énergies en pure perte ! L'atome est une réalité concrète, une individualité vivante élémentaire, possédant déjà, à son degré le moins élevé, toutes les virtualités de l'être organique. C'est par l'opposition des forces atomiques pressant de toutes parts sur ses surfaces que l'unité primaire de substance ou monade-atome acquiert, avec la notion de son milieu immédiat, celle de ses limites d'action et des mouvements qu'elle accomplit en défendant, contre ses voisins, sa part d'espace. Ainsi, la présence de *non-moi* détermine le *moi* ; la notion de l'objet provoque celle du sujet. *Tout mouvement physique dans le monde est réflexe d'une sensation* plus ou moins obtuse. C'est la sensation des forces que lui opposent de toutes parts d'autres atomes expansifs qui, déterminant en l'élément substantiel des réactions internes, le sollicite à réagir contre leur compression par un mécanisme réflexe automoteur. Un atome supposé situé au sein du vide absolu, sans contact avec aucun atome expansif, resterait privé de toute sensation, et, partant, de toute volition comme de toute action consciente, déterminée par des motifs perçus. L'activité psychique de l'atome_ monade est à la fois le résultat et la condition *sine qua non* de son activité physique.

Cause du mouvement et condition de toute activité sensible, mais néanmoins différente du mouvement en ce qu'elle existe surtout à l'état virtuel et équilibré dans un univers rempli de monades en lutte mutuelle pour la conquête de l'espace, qu'elles se partagent entre elles, la force serait ainsi une propriété substantielle élémentaire au même titre que l'étendue, le sentiment et la pensée. Elle serait inhérente à la substance atomique. La monade ne peut perdre partiellement de sa force primordiale que par une perte proportionnelle de substance active.

Dans un univers absolument plein, cette force protéiforme ne saurait donc se dépenser en pure perte, sans point d'émission ni point d'application, comme le soutiennent nos électronistes, qui reportent ainsi dans le domaine de l'infinitésimal les divagations des péripatéticiens. Elle ne sollicite pas les particules gazeuses à exécuter de perpétuels chassés-croisés, à la manière d'un essaim de phalènes, comme l'aura soutenu Clausius. Elle reste logiquement incompatible avec l'existence de particules inertes et passives, simples points géométriques que sépareraient des intervalles d'ordre planétaire ou stellaire. Elle ne peut être enfin cette inconcevable puissance occulte, dénommée *attraction*, en vertu de laquelle les éléments substantiels seraient sollicités à se rapprocher et à s'unir. Newton lui-même, dans ses *Principia*, et plus encore dans son *Optique*, ainsi que dans ses lettres à Bentley et à Clarke, proteste que ce terme *d'attraction* n'est employé par lui que comme une métaphore commode pour désigner la cause inconnue de la pesanteur qui, à ses yeux, pouvait être aussi bien une poussée ou pulsion centripète du milieu élastique qui entoure les corps.

Ce fut précisément la lecture des textes newtoniens qui confirma à Clémence Royer la vérité de sa conception de l'atome considéré comme « centre d'émission d'une substance fluide ». Il suffit, en effet, de donner aux éléments substantiels, avec des volumes inégaux, des différences de force expansive qui seraient fonction de ces volumes pour que les plus faibles, qui sont aussi les plus petits, se mettent à graviter les uns vers les autres, par l'effet de la poussée ou pulsion des monades du milieu éthéré ambiant, douées d'une énergie d'expansibilité supérieure. C'est de cette inégalité, secondaire et dérivée, des unités primaires de substance en force expansive rayonnante, que résulteraient toutes les réalités du monde phénoménal qui, sans elle, n'aurait pas d'existence, l'étoffe du monde n'étant alors, de toute éternité, qu'un fluide homogène.

Il y aurait ainsi dans le monde trois catégories d'éléments premiers, trois états différents de la substance cosmique :

1° A *l'état éthéré*, les monades fluides ont conservé ou récupéré l'intégralité de leur substance primitive. Douées d'une élasticité parfaite, sans masse ou inertie, ces monades, de beaucoup les plus nombreuses dans le Cosmos, transmettent intégralement, sans toutefois les produire, les qualités sensibles des corps matériels ou pesants. Elles constitueraient cette substance aériforme impondérable ou éther dont les variations locales des pressions, déterminant des courants automatiques analogues à ceux de l'atmosphère terrestre, seraient la cause des phénomènes dits électriques, dont le principe serait celui des vases communiquants.

2° *A l'état matériel*, les atomes, ayant perdu, avec une part variable de leurs énergies initiales, une fraction corrélative de leur volume et de leur substance, auraient acquis une masse. Les rayons de ces atomes pesants ou matériels étant en raison inverse simple de leur masse, leur volume serait en raison inverse du cube de la masse atomique.

3° Un petit nombre de monades, douées de forces expansives encore plus puissantes que les éthérées, parce qu'elles ont reçu un supplément de force substantielle d'anciens atomes éthérés devenus pesants par perte de substance, constitueraient, dans les corps organisés, ce que Haeckel a nommé « âmes de cellules » et Clémence Royer *éthéroïdes vitaux* ». Rendus dès lors capables d'opposer des forces d'expansibilité supérieures aux deux autres catégories d'atomes, ces « foyers optiques de sensation et de perception » seraient les éléments actifs de la substance nerveuse ; l'autonomie dont ils jouissent leur permet de mouvoir les éléments matériels de la micelle qu'ils animent. Ce troisième état de la substance du monde ou *état suréthéré* rendrait compte, chez les êtres vivants, de ces réactions mécaniques spéciales qui leur permettent de triompher de la pesanteur.

L'Univers serait ainsi constitué par une hiérarchie d'êtres élémentaires, cause et condition de sa phénoménalité, et l'on peut dire que l'inégalité des êtres est à la base de l'ordre du monde dont toutes les énergies dynamiques résultent de la limitation et de la compression mutuelles de ses éléments premiers.

VII

VIRTUALITÉS PSYCHIQUES
DE L'ATOME-MONADE

Dans cette conception géniale des éléments premiers ou atomes réalisant à l'état absolu les propriétés des fluides, l'entité-force ne se sépare plus que par abstraction de l'entité-matière, qui en est le substratum, ce qui revient à dire qu'il n'y a plus là que deux moments différents d'une unique entité. De même, l'abstraction *esprit* ne se distingue plus de l'abstraction *matière*, comme elle s'en distinguait pour Leibnitz. La *monade-âme* royérienne est inhérente à la substance de son *atome-corps*, doué déjà de toutes les virtualités de la vie et possédant en lui un rudiment de pensée, une aube de conscience, résultant des attouchements sensoriels de ses surfaces et des vibrations qu'elles reçoivent de tous les points de l'infini. Pendant l'éternité de la durée, l'être élémentaire acquiert ainsi la connaissance du Cosmos dont il est un des centres. Les vibrations diverses reçues des atomes voisins par les surfaces polygonales de son polyèdre viennent toutes refluer vers son foyer optique pour en repartir en divergeant vers les surfaces opposées. Toute cette science de l'infiniment petit dont l'étude directe nous est impossible, par suite des dimensions mêmes de notre être organique, mais dont l'abeille ou le ciron, plus rapprochés de lui, ont peut-être le moyen d'acquérir la notion, est toujours possible à l'atome, en raison de sa petitesse qui lui permet sans cesse d'ausculter les atomes voisins, mesurables à son mètre. S'il manque à la monade vivante l'ampleur de notre vision, la variété nuancée de **nos** jouissances, la puissance et la supériorité de notre vie psychique, et cette autonomie relative qui nous rend maîtres de nos actes par le pouvoir souverain qu'exerce sur nos réflexes une raison éclairée, la monade a, par contre, sur la constitution interne des corps, des notions exactes, précises, dérivant du contact direct et perpétuel de l'infinitésimal, et de la convergence en son centre des vibrations de tous rythmes et de toutes intensités que lui transmettent les atomes voisins. Par cette expérience éternelle, l'être élémentaire acquiert une connaissance concrète de monde et de ses lois, et il les acquiert avec une sûreté de vision qui manquera toujours à nos sens grossiers. « Il n'a qu'un sens ; mais il est total, complet, sans illusion, sans mensonge. Il sent par tout son être (1) ».

Pour l'unité substantielle élémentaire, le bien matériel, le bonheur physique, peut consister dans l'équilibre des pressions supportées par ses divers plans de contact, avec la réparti-

______

(1) *Le bien et la loi morale*, p. 147.

tion de sa force substantielle dans l'espace qu'elle occupe et défend réalisant la plus grande économie d'énergie rayonnante. Dans un univers infini, totalement rempli par un nombre indéfini d'éléments premiers, doués d'une force rayonnante infinie, la substance expansive de chaque monade d'éther, ne pouvant jamais réaliser sa sphère virtuelle, prend en se déformant, la seule forme géométrique qui, avec le cube, réalise le plein par contiguité, assurant à cette substance-force, mieux que la forme cubique, une dépense minimum d'énergie répulsive : le dodécaèdre à douze faces rhombes, égales et symétriquement disposées (2). Comme l'a écrit Clémence Royer, la constitution du monde est celle des bulles de savon.

Il est vrai que les déplacements balistiques des corps sidéraux au sein de l'éther, comme aussi la chaleur, variable en intensité, en raison progressive des masses, qu'ils rayonnent dans les espaces intercosmiques, en raison inverse du carré des distances, troublent constamment cet état d'équilibre substantiel auquel tendent les unités éthérées, en les empêchant de réaliser leur dodécaèdre. L'équilibre des pressions que subissent leurs plans de contact se trouvant dès lors détruit, les monades éthérées, parfaitement élastiques et fluides, se déplacent spontanément, automatiquement, dans le sens de la moindre pression. Par un mouvement réflexe instantané, elles échappent à cette

____

(2) *La constitution du monde*, p. 101.

rupture d'équilibre dont elles souffrent. Mais, dès que leur équilibre dynamique est retrouvé, elles s'arrêtent. Les principes de la balistique, valables pour tous les corps matériels voguant au sein de l'espace fluide, ne régissent point les déplacements des unités éthérées, sans masse ou inertie, comme sans cohésion, dont les mouvements sont ceux des courants électriques.

A un moindre degré que les monades actives de l'éther, les atomes pesants possèdent, avec des virtualités psychiques internes, une activité réagissante sur leur milieu. Il est à penser que, dans les éléments pesants ou matériels, l'état de conscience élémentaire existe aussi, mais plus atténué que dans les autres catégories d'atomes, sans néanmoins pouvoir être jamais annihilé totalement. Ayant, pour une cause quelconque, perdu une part variable de leurs activités primordiales, corrélative à une perte de substance, les atomes pondérables restent comprimés dans les agrégats matériels qu'ils constituent par les pressions concentriques qu'exercent sur ces agrégats les monades, plus fortes et plus actives, de leur ambiance éthérée.

Point n'est dès lors besoin, pour expliquer la cohésion interatomique ou intermoléculaire des éléments pesants dont les masses matérielles sont formées, de doter ces éléments expansifs d'une miraculeuse vertu attractive contre laquelle proteste l'expérience constante de nos sens. Comme l'a souvent fait remarquer Clémence Royer, les corps matériels, une fois réunis par cette prétendue attraction, ne pourraient plus se détacher les uns des autres ; si l'attraction existait, toute la substance de l'univers se serait depuis longtemps agglomérée en une masse unique, dans une même région de l'espace. Bien loin d'être l'état naturel des atomes, livrés à leurs prétendues « affinités », leur cohésion, dans les aggrégations pondérables, apparaît comme un état de contrainte, de gêne, de malaise, dont ils cherchent à se délivrer dès qu'ils le peuvent. Ainsi et seulement ainsi, il devient possible d'expliquer, avec tous les faits de vaporisation, de volatilisation, de sublimation, que nos traités de physique ou de chimie se bornent à constater et à décrire, tous les « mystères » de la radio-activité, sur lesquels tant de concepts fous se sont greffés depuis trente ans !...

VIII

LA COSMOLOGIE ROYÉRIENNE

Rejetant de la science la prétendue attraction de la matière pour la matière, infirmée par notre expérience sensible, l'atomisme dynamiste de Clémence Royer rend compte de la pesanteur statique et de la descente des corps en chute libre par de simples différences produites dans les pressions centripètes de l'éther inégalement échauffé et dilaté au sein duquel baignent les corps matériels sis à la surface des astres, sans que rien soit changé aux lois newtoniennes elles-mêmes. De même, ce seraient des différences dans les pressions de l'éther inégalement échauffé et dilaté par le calorique rayonnant du Soleil qui retiendraient ses satellites dans leurs orbites. Ce serait encore cet éther fluide qui, pressant de toutes parts sur les corps sidéraux, donnerait aux plus gros d'entre eux ces formes sphéroïdales que nous voyons prendre à l'humble goutte d'eau sous cette même action des pressions centripètes de l'éther. La chaleur interne des astres serait elle-même produite et entretenue par ces pressions du milieu ambiant, lesquelles, ne pouvant se manifester comme mouvements de masse, par le fait de leur opposition par couples sur ces sphéroïdes, se mani-

l'esteraient sous la forme de vibrations ther-
miques dont l'énergie serait fonction des pressions supportées.

C'est à cette *chaleur de pression*, suffisante
pour liquéfier les matériaux terrestres à une
faible profondeur au-dessous de la surface du sol,
qu'il faudrait attribuer l'existence de globes
lumineux et incandescents, comme notre Soleil,
qui doivent précisément leur état de sphères
ignées et radiantes à ce fait qu'ils produisent
assez de chaleur pour maintenir à l'état liquide
et à l'état gazeux la totalité de leurs matériaux
constitutifs. Grâce à leur chaleur rayonnante,
ces astres de gros volume, échauffant et dilatant
le milieu éthéré plus fortement et à de plus
grandes distances que les petits astres non lumineux, deviendraient capables d'aspirer et
d'incorporer à leur masse des quantités beaucoup plus fortes de matériaux cosmiques, en
raison de l'extension progressive de leur action
rayonnante résultant de leur grossissement et
de leur échauffement progressifs.

L'existence de soleils éteints, errant à l'aventure, admise par Bickerton, Flammarion, Nord-
mann et divers autres, serait dès lors du domaine
des fables. Tous les astres non lumineux, que
recouvre une enveloppe solide, rentrent dans la
catégorie des corps sidéraux de faible masse,
qu'ils soient entièrement pleins, comme notre
Terre, ou bien que, comme Mars, leur faible
chaleur de pression ne les ait point préservés
d'un refroidissement et d'une contraction lais-

sant quelques vides entre l'écorce solide et le magma interne.

Par contre, il semble bien à présent que les deux planètes majeures, Jupiter et Saturne, puissent rentrer dans la catégorie des astres lumineux par eux-mêmes. Vus au télescope, ces deux mondes géants semblent de vrais petits soleils, aux atmosphères lourdes de vapeurs, masquant mal la lithosphère ignée et rougeoyante. La tache rouge oblongue de Jupiter, demeurée longtemps énigmatique, est peut-être une « lucarne » ouverte sur la fournaise jovienne à travers la couche de vapeurs opaques. Il ressortirait de ces constatations récentes, corroborées par Lowell, que notre système solaire pourrait être classé comme système triple, avec un soleil central et deux petits compagnons. Notre Soleil lui-même pourrait être classé comme étoile-nébuleuse, avec son atmosphère gazeuse à peu près égale aux sept-huitièmes de son noyau igné.

Si, contrairement aux théories prévalentes, Jupiter et Saturne restent dans toute leur masse à l'état de fluidité ignée, entretenue par une intense chaleur de pression, peut-être suffisante sur Jupiter pour y fondre le plomb et le zinc, si notre Terre elle-même rentre dans la catégorie des planètes assez grosses pour conserver leur équilibre thermique aussi longtemps qu'un appoint important de matériaux cosmiques ne sera point venu grossir sa masse, l'étude des strates géologiques et des bathylithes granitogneissiques datant des plus anciennes époques, témoigne d'un refroidissement superficiel considérable de la planète depuis l'époque où elle a pu se rallumer temporairement, par suite d'un cataclysme dont Clémence Royer aura intuitivement deviné les épisodes.

Dans notre *Nouvelle Philosophie de l'Histoire,* nous étudierons en détails les causes astronomiques, la nature et les effets si remarquables de cet accident cosmique qui, à la première époque des intrusions laurentiennes, aura doté de son satellite notre Terre, laquelle ne jouait peut-être antérieurement qu'un rôle de lune pour le Soleil, vers lequel elle pouvait tourner perpétuellement son hémisphère le plus lourd, comme c'est encore le cas pour les deux planètes inférieures à la Terre, Vénus et Mercure, par le fait même qu'elles manquent de lunes pour les solliciter à une rotation quotidienne distincte de leur révolution annuelle. Nous nous proposons de montrer que notre Lune n'est point fille de la Terre, comme l'ont admis gratuitement George Darwin, Percival Lowell et Flammarion lui-même, mais qu'elle a eu plus vraisemblablement une origine commune avec les divers satellites des planètes supérieures à la Terre, comme avec l'essaim des astéroïdes, lequel ressemble si bien à une poignée de cailloux projetés dans l'espace par une main géante (1). La Lune serait un de ces fragments d'une terre bri-

______

(1) Clémence Royer : *L'Origine des mondes et les impossibilités physiques de l'hypothèse de Laplace,* la **Société Nouvelle,** juillet 1893.

sée par un choc tangentiel, peut-être contre Saturne. Ce fragment d'astre a pu tomber lentement vers la Terre sous la forme d'une goutte liquide, vite refroidie et solidifiée. C'est depuis lors que la Lune serait restée un astre creux, si bien comparé par Clémence Royer à un matras de chimiste, à l'intérieur duquel les eaux primitives et la vie elle-même ont pu se réfugier et se perpétuer sous des conditions bien différentes de celles qui règnent sur la Terre.

L'hypothèse laplacienne d'une nébuleuse initiale étant de nos jours à peu près partout rejetée des savants, nous montrerons qu'il convient d'y substituer aujourd'hui les vues géniales de Clémence Royer sur la nébuleuse considérée comme stade final des mondes, que Bickerton n'a fait que confirmer par sa théorie des collisions astrales. D'ailleurs, Bickerton a eu le tort de croire, comme Flammarion, à l'existence de soleils éteints, errant dans l'espace. Comme l'a souligné Clémence Royer, tout astre ayant atteint l'état de sphère ignée et radiante est au contraire destiné à s'échauffer toujours davantage, à augmenter ainsi en puissance attractive ou, pour mieux dire, aspiratrice de petits corps voisins et à grossir corrélativement jusqu'à atteindre les dimensions d'une nébuleuse planétaire, assez forte pour faire le vide autour d'elle jusqu'à un très grand rayon. D'après cette théorie, tout astre froid et non lumineux ne peut être qu'une terre, un menu fragment de monde détruit dans quelque catastrophe cosmique qui en aura dispersé les débris.

IX

LA THÉORIE ROYÉRIENNE DES MARÉES

Le problème de l'utilisation industrielle de la force des marées étant à l'ordre du jour en France et en Angleterre depuis quelques années, il peut n'être pas inutile aux techniciens et au public d'en connaître le mécanisme exact, si mal compris jusqu'alors de nos physiciens-astronomes.

Une fois admise, conformément à la théorie atomique de Clémence Royer, l'existence d'un fluide intersidéral et intermoléculaire ou éther, formé d'unités incoercibles et fluides, d'une plasticité et d'une élasticité parfaites, se repoussant perpétuellement entre elles et repoussant les corps au contact, une fois reconnu le fait que cet éther fluide, par les pressions qu'il exerce sur les sphères sidérales, concentriquement à leurs surfaces, entretient inaltéré l'état de plasticité, de liquidité ignée de leur masse interne, ce ne peut être évidemment la masse des eaux océaniennes qui se trouve sollicitée par une force attractive imaginaire arrivant en droite ligne du Soleil et de la Lune; ce sont les couches superposées de la matière pesante du globe qui, automatiquement, se portent dans le sens de la moindre pression.

Si le Soleil et la Lune, comme la Terre, rayonnent autour d'eux de la chaleur en raison directe
de leurs masses et inverse des carrés des distances
à leurs surfaces, selon la loi des corps rayonnants, cette chaleur rayonnée, en affaiblissant
les énergies répulsives des monades éthérées
qu'elle traverse et dilate, relâche la pression
centripète de l'éther sur les méridiens terrestres
successifs au-dessus desquels le Soleil et la Lune
culminent. Les trois enveloppes ellipsoïdales
qui entourent le globe terrestre : atmosphère,
hydrosphère, lithosphère, et le magma intérieur
lui-même, se trouvent soulevés automatiquement
dans le sens de la moindre pression. La lithosphère, très mince, flottant sur un noyau en complète
fusion, et cédant passivement aux pressions
que l'enveloppe gazeuse exerce sur elle, il
s'ensuit que la sphéroïde terrestre se déforme
sans cesse. Mais si l'hydrosphère, à peu près
incompressible, transmet fidèlement et immédiatement à la lithosphère sous-jacente les différences de pression qu'elle reçoit de l'enveloppe
gazeuse déformée par le passage successif des
astres troublants à chaque méridien, la pesanteur sollicite cette eau liquide à redescendre
aussitôt soulevée dans le sens de la pression centripète amoindrie. Sans cesse, l'eau océanienne,
cherchant le plus court rayon terrestre, tend
à retrouver sa sphéricité sans cesse perdue.
Sur la double pente du ménisque de gonflement
soulevé par le passage des astres troublants, la
masse entière des eaux doit donc glisser vers les
vallées marines formées par le raccourcissement

temporaire du rayon terrestre, à 90 degrés des méridiens de soulèvement. Lorsque la crète de soulèvement, s'éloignant du littoral de l'Europe Occidentale, a gagné le large, dans l'Atlantique, elle pousse, vers le littoral oriental du continent américain, une petite vague de fond qui, dans la mer des Antilles, à l'entrée du lagon de Maracaïbo, élève le niveau marin d'un mètre environ, à l'heure du flux. La grande vague de surface, suivant la direction inverse, roule vers l'Europe sur le versant oriental du méridien soulevé. Dans les ports français de l'Atlantique, le flot de marée arrive ainsi avec un retard sur les passages d'autant plus grand que le point de la côte où ils sont situés lui est moins ouvert et que la mer y est moins profonde. Le retard, qui n'est que de 1 heure 45 à Brest, est de 8 heures à Cherbourg, de 10 à 12 heures entre Dieppe et Dunkerque. On peut considérer les océans terrestres comme d'énormes vases communiquants au fond toujours mobile. Leur niveau général, sans cesse détruit par des différences de pression, tend sans cesse à se rétablir par une simple transmission de proche en proche des pressions subies. Grâce à cette théorie si évidente et si simple, que le fils de Clémence Royer réussissait à faire comprendre aux marins du bord, durant ses voyages au long cours, le phénomène des marées s'explique avec un transport de masse relativement faible.

S'il est certain que le sphéroïde terrestre, malgré son écorce solide, est resté parfaitement plastique et facilement déformable, conformément à l'hypothèse de Suess, l'axe terrestre doit évidemment se raccourcir sur les méridiens antipodiques où les pressions de l'éther sont les plus fortes, ceux où l'éther reste le plus froid, à 90 degrés de part et d'autre du ménisque de renflement. Mais de même qu'un ballon de caoutchouc, dont le rayon se raccourcit légèrement sous la pression des doigts, subira, par compensation, un léger allongement du diamètre perpendiculaire au diamètre raccourci, de même le diamètre terrestre au-dessus duquel culmine l'astre troublant, à un certain moment de la journée, se trouvera légèrement allongé, antipodiquement dans les deux sens, comme contrepartie de la double pression maximum supportée par le grand cercle du sphéroïde à 90 degrés du méridien de culmination.

Un dernier fait doit être signalé ici. La grande vague superficielle venant heurter de ses coups de bélier bi-quotidiens les côtes occidentales des continents depuis des millions d'années, la rotation de notre planète, primitivement plus lente et peut-être égale à un mois lunaire, a dû s'accélérer au cours des temps. Il est vrai que la petite vague de fond, poussée d'orient en occident par le soulèvement bi-quotidien de la lithosphère, doit tendre à ralentir la rotation quotidienne du globe terrestre. Mais la vague de surface, beaucoup plus puissante, en annule l'effet, et continue d'agir comme force propulsive en sens inverse. Bien loin d'être un frein qui tendrait à ralentir le mouvement de rotation de notre globe sur lui-même, comme le croyait

Flammarion, en France, et Sir George Darwin
en Angleterre, les marées océaniques, par l'addi-
tion de leurs impulsions motrices, sont la grande
force qui imprima à la Terre son mouvement
de toupie sur un axe et qui en a graduellement
accéléré la vitesse.

X

CLÉMENCE ROYER GÉOLOGUE
ET PRÉHISTORIENNE
ESSAI DE GÉOGRAPHIE QUATERNAIRE

C'est encore à ce mouvement des marées océaniennes, venant frapper deux fois chaque jour les côtes occidentales des continents de leurs coups de bélier rythmiques, que Clémence Royer rapporte le déplacement lent et à grande amplitude des pôles et de l'équateur terrestres, et, comme conséquences, les variations des climats, ainsi que les alternances d'émersion et de submersion des continents. Nous ne ferons ici qu'indiquer les grandes lignes de cette théorie qui éclaire d'un plein jour l'entière succession des périodes révolues, pour la fixation desquelles elle constitue comme une année géologique, avec ses hivers et ses étés alternatifs pour chaque continent, qui seraient respectivement leurs périodes polaires et leurs périodes tropicales. C'est ainsi qu'au cours du dernier grand cycle parcouru par les pôles, la Scandinavie, le Danemark, l'Angleterre, les Vosges, les Alpes, les Pyrénées, en Europe, puis les Açores et toute l'Amérique du Nord, furent tour à tour des Islandes, des Nouvelles-Zembles et des Groënlands, tandis que dans l'hémisphère sud, les mêmes phénomènes se manifestaient sur la Nouvelle-Zélande et la terre de Van-Diémen, que les montagnes chiliennes, la Polynésie, l'Australie et Kerguelen eurent un climat glacial, que Madagascar et le Cap en auront eu un très froid. Alors des icebergs auront rayonné dans le Pacifique, et s'y seront avancés au-delà de l'équateur actuel (1).

Il n'y aurait ainsi que des époques glaciaires locales, embrassant à tour de rôle les diverses régions du globe, et les deux plus récentes glaciations de type polaire en Europe et en Amérique ne seraient point synchroniques. La phase glaciaire nord-américaine serait beaucoup plus récente que l'eurasiatique, et toute la région du continent nord-américain comprise entre l'archipel Polaire et la grande moraine transversale, du cap Cod à Vancouver, est, de toute évidence, une terre d'émersion récente, mal ressuyée de sa submersion sous les eaux de la mer polaire et de son occupation par les inlandsis.

On aura l'image fidèle de la grande glaciation de type polaire qui marqua l'aurore des temps quaternaires sur nos contrées, les séparant des temps tertiaires par une époque d'une énorme durée, pendant laquelle toutes les espèces tertiaires avaient quitté nos régions, en transportant à cette époque, sur l'Europe septentrionale et occidentale, les paysages arctiques dont les Nansen, les Peary et les Amundsen nous ont

---

(1) Clémence Royer, note 89 additionnelle à l'*Origine des Espèces*.

donné les descriptions et la vision photographique. Dans ses mémoires sur *le Lac de Paris*. Clémence Royer souligne ce fait que c'est précisément cette région du bassin anglo-parisien commençant un peu au sud de Londres jusqu'aux platières de Fontainebleau, où l'on remarque l'absence de blocs erratiques, où existent de longs sillons et collines parallèles, tous orientés du sud-est au nord-ouest, qui sont les restes des assises tertiaires démantelées par une action érosive puissante. Elle attribue ces « coups de rabot parallèles » à des masses compactes de glaces qui, chaque hiver, recouvraient les terres basses sur cette région et que bouleversaient les débâcles d'été (1). C'est surtout autour de Paris que l'action érosive s'exerça avec force, y creusant d'avance la cavité et y traçant les contours du lac que devait ultérieurement remplir la Seine. La transformation en « boutonnière » du « ridement » du pays de Bray et l'aspect mamelonné de son modelé sont d'autres témoignages de l'énorme puissance de l'action glaciaire à cette époque.

De même, il suffira de se reporter au long séjour de V. Stefansson sur le littoral arctique du Canada, ainsi qu'à la randonnée récente du Suédois Rasmussen à travers le dédale des îles du passage Nord-Ouest, pour avoir un tableau très ressemblant de notre Occident européen au début de la phase de relèvement et d'émersion continentale post-glaciaire. Notre

---

(1) *Le Lac de Paris, Essai de géographie quaternaire* p. 6

pays normano-picard était alors occupé par
« de grandes terres plates, séparées par des
bras de mer peu profonds et presque sans courants » (1) que des glaces bloquaient chaque
hiver, « sans pouvoir y résister aux étés, devenus plus chauds » (2).

Durant une phase d'émersion plus rapide,
les lits des cours d'eau actuels se creusèrent.
Bientôt les îlots de la phase précédente se trouvèrent reliés en îles plus vastes, mais encore
désertiques. La Seine fut sans doute alors un
autre Yukon, un autre Mackenzie, aboutissant
à un vaste estuaire commun avec les eaux de
la Marne et de l'Eure, sis sur l'emplacement
qu'allait occuper le lac parisien aux époques
suivantes. Alors se déposaient, dans le bassin
de Paris, les terrasses azoïques, sises aux alti-
tudes de 75 à 90 mètres. À cette époque « le
Nord-Ouest de la France, en voie d'émersion,
devait former, entre les diverses embouchures
d'un réseau compliqué de cours d'eau, larges,
mais peu profonds et peu rapides », de grandes
îles plates analogues aux îles Bataves (3). La
Somme se trouvait alors anastomosée à la Seine
par une Oise coulant en sens inverse de son cours
actuel.

Mais les terres émergées continuant à croître
en altitude et à s'élargir, en même temps que le
climat européen s'adoucissait, de nouveaux che-

(1) *Le Lac de Paris, Essai de géographie quaternaire.* p 8.
(2) *Le Lac de Paris à l'époque quaternaire.* p. 24
(3) *Le Lac de Paris : essai de géographie quaternaire.* p. 10.

mins terrestres allaient s'ouvrir vers le midi à l'ancienne faune pliocène à *Elephas meridionalis*, chassée précédemment de nos contrées par la banquise polaire, et réfugiée sur les terres atlantiques et l'Afrique du Nord durant l'époque glaciaire. Cette puissante faune interglaciaire comprenait, avec l'éléphant méridional et l'éléphant antique, trois espèces de rhinocéros, un grand hippopotame, ainsi qu'un grand félide à crinière. C'était évidemment une faune de jungle, impliquant une végétation puissante, une faune de grandes plaines basses et de larges vallées, incompatible avec l'existence d'un climat froid. Clémence Royer pense que la faune du gisement de Saint-Prest (Eure et Loir), où les traces de l'homme sont indiquées, est peut-être post-glaciaire, comme celle de Malbatu, en Auvergne, et comme celle de la montagne de Perrier. On se la représente courant librement dans le bassin anglo-parisien où l'on retrouve ses restes en abondance, associés aux armes de son rival, l'homme lithique, qui vivait alors par grandes troupes, au bord des fleuves, se bâtissant des abris temporaires faits de branchages, et, tel Héraklès, abritant sa nudité sous les dépouilles des animaux tués à la chasse. A cette époque, le pôle, par la continuation de sa course hélicoïdale, avait déjà dépassé les Açores et gagné Terre-Neuve et le bas Canada. Alors l'Europe était située sous le tropique du Cancer, « dans cette zone, limite du renflement équatorial où s'étendent les plus vastes terres » (1).

____

(1) *Le Lac de Paris*, p. 42.

Sur l'emplacement futur de Paris et de sa banlieue, la Seine était alors élargie en un vaste lac triangulaire, long de 70 kilomètres, large de 30, remplissant, de Meaux à Poissy, et d'Enghien à Villeneuve-Saint-Georges, la cavité creusée antérieurement par l'érosion polaire. Il semble que plusieurs variétés humaines différentes par les mœurs et l'industrie lithique aient longtemps co-existé dans les îles et les entours du lac parisien, que les plus récentes et les plus progressives aient pu traquer les plus archaïques et les plus inférieures dans leurs refuges insulaires, et finalement les détruire, lorsque, par suite de l'abaissement des eaux du lac aux niveaux de ses basses terrasses, et de sa réduction en simple lit fluvial, les îles du lac parisien se furent rattachées à ses rives.

Le mouvement d'émersion se poursuivant, la zone continue des terres émergées du tropique prit l'Atlantique en écharpe. Le plateau des Sargasses, alors exondé, y servit de pont entre les deux continents, permettant à la grande faune à *Elephas imperator*, équivalent américain de notre *E. meridionalis*, d'envahir le Nouveau-Monde. Le mastodonte, qui survécut sans doute en Afrique et sur les terres atlantiques durant le quaternaire européen, fit partie de cette faune migratrice et son aire d'habitat s'est étendu de l'Alaska à la baie d'Hudson et de la Californie à la Floride. Au sud, il s'est avancé jusqu'au Honduras. Dans la vallée du Missouri, on a retrouvé ses restes associés à des spécimens de l'industrie humaine. Des vestiges de l'homme quaternaire nord-américain et de son industrie lithique ont été signalés dans le New-Jersey, le Delaware, l'Ohio, l'Indiana, le Minnesota, le Kansas, le Nebraska, près de Guanajato, au Mexique, et jusqu'au Canada. Divers crànes de type inférieur trouvés dans les *mounds* et mensurés par Hrdliçka seraient d'évidentes survivances de ces populations quaternaires qui précédèrent les bâtisseurs de tertres et se mélangèrent à eux. Quant aux races tertiaires d'Europe, elles-mêmes revenues peupler les terres exondées après le retrait du pôle, leurs actuels descendants sont peut-être ces races pygmées hyperboréennes, dont l'aire d'habitat, dans l'Amérique boréale, va, de nos jours, du Groënland à l'Alaska, et déborde sur la pointe extrême de l'Asie Russe, et qui paraît s'être étendu jadis à tout le littoral de l'estuaire du Saint-Laurent et à la Nouvelle-Angleterre, comme au Labrador maritime. Les nimerigars du pays Shoshone, que les Arapahoes exterminèrent, en seraient également issus. Cependant que d'autres variétés tertiaires, prenant un chemin différent, « peuvent avoir donné naissance en Afrique aux ancêtres des petits Akkas, et aux Niam-Niams de la sylve congolaise qui sont évidemment les pygmées ou nains dont parlait Hérodote » ((1). Comme l'aura soutenu Clémence Royer, il y a déjà plus d'un demi-siècle, cette coïncidence remarquable que l'on observe « dans le synchronisme,

____

(1) Clémence Royer, *La Morale dans l'Histoire*, chap. IV.

dans le développement, dans la succession des faits, dans l'analogie des formes en Europe et en Amérique », ne peut s'expliquer que par de perpétuelles allées et venues entre les deux mondes depuis l'époque quaternaire jusqu'à la civilisation du bronze au cours de laquelle cette communication paraît rompue.

Lorsque le pôle, dans son excursion occidentale elliptique, commença à remonter vers sa situation actuelle, la diminution de la distension corticale du sphéroïde terrestre produisit des plissements de l'écorce, précédemment distendue. Alors, le massif alpestre surélevé devint peut-être un autre Hymalaya, une autre Cordillère andine. De grands glaciers, descendant peut-être jusqu'au niveau des lacs, y remplacèrent les inlandsis polaires. Ce fut la seconde phase glaciaire, de caractère alpin, et qui peut encore avoir été une époque de climat chaud dans les basses terres où le chasseur nomade put continuer à vivre en même temps que le Troglodyte sédentaire établissait domicile dans les abris naturels ouverts au flanc des montagnes. Cette époque fut certainement synchronique avec une grande extension continentale : des chemins terrestres nouveaux amenèrent chez nous le renne, le bouquetin, le chamois, l'antilope-saïga, qui vécurent alors sur les plateaux de la France centrale ; dans les vallées les plus basses survivaient le mammouth à crinière et le rhinocéros à toison.

A partir de ce moment commença sur nos régions une période d'immersion et de plongement, qui se continue de nos jours. Alors, nos cours d'eau rétrécis, par l'augmentation de leur pente, commencèrent à raviner au lieu d'attérir, comme précédemment. Sous un climat moins clément, dans une aire géographique plus limitée, périodiquement inondée dans les vallées par la fonte des glaciers de nos montagnes, elles-mêmes diminuées en altitude, l'homme, devenu plus nombreux, contribua, plus encore que le climat, à détruire les grandes espèces quaternaires, livrées sans défense à ses coups. Dans son imprévoyance aveugle, il fit autour de lui une chasse si active qu'il risqua un instant de mourir affamé. Peut-être se trouva-t-il réduit parfois à tuer son semblable pour s'en nourrir. Clémence Royer voit dans nos histoires d'ogres comme un écho de ces coutumes de cannibalisme dont les débris humains trouvés dans les cavernes seraient les témoins. Elle admet que cette disparition des espèces vivantes aura eu pour résultat fatal d'allumer la guerre entre les tribus humaines, « d'autant plus affamées qu'elles étaient devenues plus nombreuses » sur une aire d'habitat de moindre étendue : « Toutes les stations riveraines des fleuves où nous trouvons accumulés les outils de silex indiquent peut-être les anciens campements de tribus humaines exterminées, les champs de bataille où se sont livrées les premières luttes pour l'existence entre les représentants de l'humanité quaternaire » (1).

(1) *La Morale dans l'Histoire*, chap. III.

A cette double transformation des climats et des étendues continentales correspondirent de notables modifications du type ethnique produites par l'entrée en scène de nouvelles races plus évoluées, de taille plus svelte et plus haute, plus intelligentes aussi et plus humaines, étant déjà aptes à la parole articulée et en possession d'un langage moins rudimentaire, d'ailleurs promotrices de nouveaux progrès industriels et portant en elles, à l'état embryonnaire, les éléments premiers des futures civilisations.

Les premiers en date de ces éléments nouveaux : les Troglodytes de la Vézère, dont l'homme de Cro-Magnon est le type, paraissent être arrivés dans le bassin de la Dordogne par l'Espagne. Apparentée de près aux populations berbères de l'Afrique du Nord, peut-être aux Guanches des Canaries, ainsi qu'aux Guaranis sud-américains, restés ou retombés à un stade de culture inférieur, cette race artiste du Renne, aux mœurs pastorales, sédentaires et pacifiques, ne sut pas néanmoins innover les premiers essais d'agriculture et d'élevage dans l'Occident européen, où ils paraissent avoir été importés, au début de l'ère actuelle, par une autre race également brune, de taille moins élevée, moins artiste, mais plus pratique, venue de l'Europe orientale, par les deux versants des Alpes, dans une migration lente, plutôt qu'une conquête armée. Par elle, se trouva inaugurée ce que Clémence Royer a si heureusement appelé une ère de travail universel, une civilisation internationale qui, de proche en proche et pacifiquement, conquit le monde

entier, y faisant tache d'huile, grâce à cet instinct imitateur que l'homme partage avec ses
congénères simiesques. Avec cette race nouvelle.
née dans « l'île Balkanique », et qui s'étendit en
tous sens par l'effet de sa prolifération même.
commence véritablement l'humanité. Clémence
Royer a justement comparé à la découverte de
la vapeur dans les temps modernes le grand
renouveau industriel qui s'étendit alors à l'Amérique, peut-être encore à cette époque reliée à
l'Europe par les piles d'un pont maritime dont
des navigateurs pouvaient franchir les arches.

On peut admettre que l'arrivée de la race migratrice força les populations antérieures, chas-
sées des plaines basses, à se bâtir ces villages
nautiques sur pilotis, dont les lacs helvètes et
français ont livré des vestiges, et dont les cran-
noges irlandais et les terramares italiens furent
peut-être des variantes locales. Clémence Royer
fait remarquer que l'état social des habitants
de ces villages a traversé trois phases : pierre,
pierre et bronze, fer, exactement correspon-
dantes aux trois âges danois. Il semble que ce
furent surtout « des tribus de pasteurs, déjà
même adonnés à un commencement d'agriculture ». Ce serait par contre chez les Peaux-Rouges
nord-américains, bâtisseurs de tertres et de
sépultures en fosse creuse, analogues à nos allées
couvertes, qu'il faudrait aller chercher l'image
actuelle de nos populations néolithiques d'Europe, encore semi-barbares, agitées d'inces-
santes guerres locales, comme semblent l'attes-
ter ces flèches à tranchant transversal dont

certains individus inhumés dans les sépultures du Petit-Morin paraissent avoir été atteints.

A cette époque, l'usage de la crypte funéraire, concurremment avec le rite d'inhumation en fosse creuse, paraissent indiquer que l'homme avait finalement triomphé de sa répugnance instinctive et toute animale à toucher aux cadavres et que, les déplaçant pour les déposer dans une demeure aménagée à cet effet, il les écartait dès lors du voisinage des vivants, alors qu'antérieurement, dans les grottes quaternaires, les vivants devaient encore subir la promiscuité des morts, ou s'éloigner parfois pour quelque temps de leurs restes et revenir placer de nouveaux morts à côté des premiers. Tel paraît avoir été le cas pour les squelettes des grottes de Menton qui furent peut-être une sépulture de famille, d'âge transitoire entre les temps quaternaires et les temps néolithiques (1).

En des pages admirables, oubliées de nos préhistoriens, qui se sont plu à échafauder tout un roman sur les trouvailles d'Aurignac, Clémence Royer étudie l'évolution du rite d'inhumation, dont la pyramide égyptienne et le téocalli mexicain marquent l'apogée, par un simple agrandissement des proportions du cairn ou du tumulus primitifs, issus eux-mêmes du tas de pierres ou de terre que l'on se borna tout d'abord à jeter sur le cadavre pour en cacher l'horreur à la vue des vivants, et l'empêcher de

____

(1) Clémence Royer, *Les rites funéraires aux époques préhistoriques et leur origine*, p. 15 et suivantes.

venir troubler leur sommeil. Clémence Royer
laisse entendre que les pierres jetées en vrac
sur le mort ne furent elles-mêmes tout d'abord
qu'un simple moyen d'empêcher les branchages
dont on avait recouvert ses restes d'être dérangés par les météores ou les bêtes de proie. Il
est certain que les cadavres ne pouvaient être
inhumés à une époque où aucun outil n'existait
permettant à l'homme de creuser assez profondément le sol.

Il semble que le dolmen et le tumulus, comme
la crypte funéraire et l'allée couverte, soient
nés en Europe, que leur diffusion par le monde
ait coïncidé avec l'expansion de l'élément
aryaque, dont les monuments funéraires jalon-
neraient dès lors approximativement l'aire d'expansion. Par contre, l'exposition des cadavres
aux animaux de proie paraît être une mode
asiatique, tandis que l'incinération aurait été
un rite aristocratique, apparu tardivement en
Europe, avec la civilisation du bronze. D'ailleurs,
comme la savante en fait la remarque, les traces
laissées par les rites funéraires primitifs dans la
langue de chaque race sont susceptibles de nous
donner la clef de leurs affinités ethniques, voire
linguistiques. Peut-être le jour rêvé par elle est-
il proche où il va devenir possible « de suivre la
filiation complète des divers peuples de souche
aryaque par une étude approfondie de leur
diverses coutumes », révélées par leurs monuments (1).

(1) Clémence Royer, *Les rites funeraires aux époques préhistoriques et leur origine.* p. 34-44.

Une autre thèse remarquable de Clémence Royer, souvent traitée dans ses œuvres, est celle de la connaissance première du feu, des moyens de le conserver, et de ceux de le produire : « Qui fut le véritable Prométhée de la race humaine ? — écrit-elle. Quand et où vécut-il ? Nul ne saura jamais le dire ? » (1).

Cependant la philosophe avait déjà étudié la découverte des silex de Thenay dont certains portent, bien évidente, la trace de l'action du feu. Elle avait montré que des silex employés par l'homme, des étincelles avaient dû jaillir qui, tombant sur de l'herbe ou de la mousse sèche, lui auront appris le moyen de le produire à volonté (2). La découverte du feu et l'usage du silex peuvent ainsi avoir été deux progrès liés entre eux : ce peut avoir été, soit en cassant des os ou des coques de fruits, soit en cassant des silex pour en tirer des éclats à bords tranchants, soit, enfin, en entrechoquant leurs armes de pierre dans un combat, que les premiers hommes firent jaillir des étincelles, objet de leur étonnement, qui leur donnèrent envie de recommencer l'expérience, peut-être dans le seul but de s'amuser.

Silyx fut le père de Pyrode. Il est à croire qu'un aussi redoutable élément devint le premier Dieu de l'homme-enfant, son premier fétiche qu'il fallait se rendre propice (3). Avec

______

(1) *L'Origine de l'Homme et des Sociétés*, p. 407-408.

(2) Encyclopédie Générale. Art : *Ages primitifs de l'industrie*.

(3) Clémence Royer, *Le feu chez les peuplades primitives*, p. 2:

lui naquirent les premières formes du langage, les premières articulations vocales. La première onomatopée, de laquelle dérivèrent dans la suite tant de mots divers, fut la syllabe *fou*, « émise dans l'action de souffler pour ranimer le feu près de s'éteindre » (1).

La découverte du feu, en quelque sorte fatale là où le silex est abondant, resta longtemps mal utilisée. L'homme lithique se borna tout d'abord à s'en servir pour corriger les inclémences du climat et, plus encore, pour éclairer le campement nocturne, dont il fut le protecteur, faisant fuir les bêtes sauvages et répandant sur lui une douce chaleur. Il est à penser que les chasseurs nomades quaternaires ne surent pas encore employer le feu à un autre usage, mais « les débris du repas des troglodytes prouvent qu'ils cuisaient déjà leurs viandes ».

Ce fut là, comme Clémence Royer l'a si heureusement montré, toute une « révolution morale ». C'est qu'en effet, ce grand fait de la cuisson des aliments, dont le fumet de quelques lambeaux de chair grillée, tombés fortuitement sur les charbons d'un foyer, put éveiller en lui le désir, eut pour conséquence, en procurant à l'homme une nourriture à la fois plus sapide et plus digestible, de diminuer le travail mécanique de ses mâchoires, jusqu'alors employées exclusivement à déchirer des proies crues. Ultérieure-. ment et sans doute au cours des temps néolithiques, quelque autre hasard résultant de

---

(1) *La Morale dans l'histoire*, chap. I.

l'usage du feu, comme un incendie dont la chaleur a pu cuire la glaise enduisant l'intérieur d'un récipient d'osier, aura incité l'homme industriel à cuire l'argile. La poterie inventée, l'homme pouvait dès lors faire provision d'aliments cuits et amasser dans les saisons d'abondance pour les saisons de disette. Il pouvait faire bouillir ses viandes et ne plus se borner seulement à les griller comme le faisait le Troglodyte de l'âge du Renne, dont les Fuégiens actuels, qui mangent leurs aliments à moitié crus, semblent le mieux représenter l'état social. « Cette habitude prise de cuire les aliments, qui devait avoir tant de conséquences, fut donc un des faits capitaux de l'histoire humaine. La sociabilité de l'homme s'en trouva accrue. C'est elle qui rendit possible le partage de son superflu avec ses semblables. Avec elle s'inaugurèrent les premiers échanges commerciaux. C'est elle enfin qui fit naître cette coutume des agapes en commun qui fut l'occasion des premières causeries, des premiers récits. Dans ce centre de réunion enfin « naquirent les premiers dieux et furent sculptées les premières amulettes, les premières idoles » (1).

Mais l'usage du feu, à l'époque de la pierre polie, laquelle serait mieux nommée époque de la poterie, car la hache polie y fut toujours rare, devait entraîner la découverte, également fortuite, et également féconde en conséquences, de la fusion des métaux. « Du cuivre natif, brut

____

(1) *L'Origine de l'Homme*, p. 131.

ou déjà façonné, jeté dans un brasier funéraire, devait se fondre et se mouler sur les pierres du foyer, les tisons éteints, les débris de poteries brisées. Tout l'art du fondeur était là ; il ne s'agissait que de l'y reconnaître » (1).

Ultérieurement, et peut être après un très court intervalle, la fusion du minerai de cuivre sur des sables stannifères a pu amener en divers lieux la découverte du bronze, lequel, à l'origine, se montre composé de métaux différents, en proportions très variables. Cependant, l'étain est plutôt rare en Europe, et l'époque du cuivre y est problématique. C'est par le midi que les civilisateurs du bronze semblent avoir pénétré en Europe en remontant tous les fleuves qui se déversent dans la Méditerranée et la mer Noire, dans les bassins desquelles paraissent avoir été sis leurs principaux centres d'expansion.

Vers 1869, Clémence Royer avait emis l'hypothèse que le bronze a pu nous venir d'Amérique par l'Atlantide. Vingt années plus tard, elle incline vers l'origine orientale du bronze, venu peut-être de la péninsule occidentale de l'Asie et de la région du Caucase (2). Les *Pœni* ou Phéniciens auraient ainsi pu être les importateurs de la métallurgie au Yucatan (3). La découverte, dans les cavernes d'Haïti, de signes graphiques ana-

---

(1) Encyclopédie Générale, art. : *Ages primitifs de l'Industrie.*
(2) *L'Histoire du travail à l'exposition universelle.*
(3) *La Morale dans l'histoire*, chap. X.

logues à ceux de la Syrie centrale, celle de des-
sins symboliques et ornementaux analogues à
ceux de l'époque du bronze et de l'Orient médi-
terranéen ainsi que de figures rupestres rappelant certaines représentations de dieux chal-
déens, peuvent indiquer une étape suivie fortuitement et sous la poussée des alizés par les
civilisateurs orientaux. La vallée du Phase
route naturelle d'Europe en Asie, peut avoir é⁴
le véritable ombilic du monde humain » (
bien plutôt que ces hauts plateaux de l'As;
centrale desquels ne descendent que des avalai
ches, et qui sont en réalité trop inciéments pour
avoir été la patrie originelle des Aryas. La
Colchide, visitée par les Argonautes, qui y
allaient piller un magasin de cuivre, fut, de
bonne heure, le centre d'une industrie métal-
lurgique ,développée. Cependant, le lieu d'origine du bronze préhistorique en Europe pourrait
aussi bien avoir été l'Espagne, qui possède également des mines de cuivre et dont l'orographie
rappelle celle du plateau central de l'Asie Mi-
neure. Quoiqu'il en soit, la découverte du bronze
en Europe, postérieure à l'expansion européenne
des Aryas et à celle des langues aryaques, serait
antérieure à l'arrivée des civilisateurs Arioï dans
la vallée de l'Indus (2). Ce refoulement graduel
vers l'Orient de la race patriarcale, restée au
stade de la pierre polie, qui chantait les hymnes

----

(1) *l'Histoire du Travail à l'exposition universelle.*
(2) Clémence Royer. *Sur l'origine du bronze et de l'étain
préhistoriques.* Bul. Soc. d'Anthrop., mai et juin 1886.

védiques, paraît avoir été la conséquence de l'occupation de la vallée de l'Euphrate par l'élément Kouschite ou sémitique, race éminemment métallurgiste qui, grâce à l'emploi du métal fondu, put fonder les grands empires potamiens et séparer de leur souche mère, pendant plus de quinze siècles, les Arioï les plus orientaux.

Portrait-charge (par H. Demare).

XI

LA RECONSTITUTION DE LA GENS
SUR LE MATRICIAT

Si la race humaine se trouve aujourd'hui séparée, par un hiatus depuis longtemps infranchissable, des quatre dernières espèces survivantes du groupe des anthropoïdes : gorille, orang, chimpanzé, gibbon, c'est que des différences, tout d'abord peu sensibles, et limitées peut-être à la corrélation, harmonique chez l'ancêtre direct de l'homme, et disharmonique chez ses congénères, les grands singes, des deux paires de membres et des autres parties du corps, ne fit dans la suite des temps que s'accentuer comme conséquence de l'ostracisme farouche où notre ancêtre semi-humain, marcheur bipède et bimane à station droite, dût tenir ses congénères et rivaux, dès lors décimés, vaincus, refoulés dans une lutte inégale, et condamnés à régresser, à se cacher au plus profond des sylves, ou à s'éteindre sans descendance.

Cette première guerre livrée par l'ancêtre de l'homme, dès le début de sa prise de possession des rivages marins, à l'aube des temps tertiaires, fut donc une guerre sexuelle, une guerre sélective, qui sauva la race à peine née d'un fatal mélange avec des types physiquement inférieurs desquels elle devait encore se différencier dans la suite par la position des poils du corps et le développement du cerveau. La danse des négresses de Nola (Afrique équatoriale) autour du gorille tué serait ainsi la survivance de quelque très ancien pæan de triomphe entonné par l'homme, vainqueur des grands singes (1).

Il est intéressant de constater que la première syllabe qui vient aux lèvres de l'enfantelet est la syllabe maternelle. C'est que l'enfant, dans la troupe consanguine primitive, où régnait la promiscuité, où le protecteur, lorsqu'il ne revenait pas d'une expédition, était remplacé dans son rôle par tous les autres mâles du groupe social, ne connut d'abord que la mère. Il ne distinguait pas son père parmi tous les mâles de la troupe. « La vie des petits était protégée par la troupe entière. Leur mère, quand elle ne les portait pas dans ses bras, attachés à ses mamelles, les déposait dans quelque nid de mousse, où peu à peu, il apprenaient l'usage de leurs membres » (2). Telles peuvent avoir été les mœurs de l'*Homo Europæus* tertiaire, le plus ancien représentant connu de l'espèce *Homo*, révélé seulement par ses outils.

Chasseur et guerrier par nécessité et, à la longue, par habitude, l'homme assuma le rôle de nourricier et de défenseur du troupeau humain : « La femme gardait les enfants dans le campement, qu'en l'absence des hommes elle

(1) Illustration, 23 mars 1912.
(2) *La Morale dans l'Histoire*, chap. I.

savait au besoin défendre. Elle construisait des huttes et probablement contribuait pour une bonne part à la confection des armes de pierre tout en veillant sur le feu protecteur de la tribu qui lui servait à cuire les venaisons apportées par les chasseurs » (1).

Le type physique de la femme aux temps quaternaires paraît, d'ailleurs, avoir été moins régressif que celui de son compagnon, le néanderthalien blond ou roux, à la peau blanche ou rosée, à la face bestiale, dont la force et la férocité s'étaient accrues considérablement dans sa lutte sans merci contre les grands fauves. Plus petite de taille que le mâle, et moins musclée, elle avait gardé un crâne moins fuyant. Aussi n'est-il point surprenant que son seigneur et maître ait abusé contre elle de sa supériorité physique. Clémence Royer montre les femmes des chasseurs quaternaires, comme chez certains sauvages actuels, ne mangeant qu'après que les mâles s'étaient repus, et se contentant de leurs restes.

Il faut arriver aux Troglodytes de l'époque du Renne pour voir la promiscuité primitive du chasseur nomade remplacée par la polygamie, sous un seul chef de famille. « Tandis que chez les chasseurs nomades régnait nécessairement une endogénie absolue ; que, par suite de la promiscuité, la filiation restait maternelle, chez les Troglodytes s'établissait la filiation paternelle et l'exogénie. Car si les unions entre frères

____

(1) La Fronde, 12 juillet 1901.

et sœurs étaient les plus fréquentes ; comme, avec la polygamie, les filles devaient manquer, dans certaines familles, les jeunes hommes allaient ravir les femmes à d'autres groupes, établissant ainsi le mariage, exogène par rapt ou achat, qui a fini par prévaloir chez tous les peuples de l'Europe » (1). Clémence Royer admet que la polyandrie peut s'être établie chez les Troglodytes vers la fin de l'ère quaternaire, à cette époque de crise où la disparition du renne « leur fit une loi de restreindre leur nombre à la quantité limitée de leurs subsistances » (2).

Chez les pasteurs aryens venus d'Orient, au début de la période géologique actuelle, les liens de consanguinité ancestrale se conservaient jalousement dans la tribu, le clan ou la *gens*, qui constituait l'unité ethnique antérieurement à la constitution des grandes monarchies théocratiques de l'Orient. Cette *gens* qui, à Rome et en Grèce, comme chez les Aryas orientaux, était la vraie famille, la philosophe la veut reconstituée chez nous sur le *matriciat*, de façon à constituer pour la femme, avec ou sans conjoints, avec ou sans enfants, comme une famille protectrice agrandie, unie par les affections, par les habitudes d'esprit, comme par les intérêts, qui emprunterait ainsi à l'idée du phalanstère ce qu'elle peut avoir de pratique. La philosophe rappelait à ce propos que, dans la

---

(1) *La Morale dans l'Histoire*, chap. IV.
(2 *La Morale dans l'Histoire*, chap. IV.

famille patriarcale primitive, les aïeules avaient
comme attribution la surveillance des enfants,
tandis que les jeunes mères se partageaient les
besognes de l'association. « Il est permis d'espérer, ajoutait-elle, qu'un jour les jeunes
ménages resteront unis autour d'une commune
aïeule qui veillera sur toute la troupe de leurs
enfants avec un amour expérimenté et restera
l'administrateur de la fortune commune pour le
plus grand bien de l'économie de tous les membres
du groupe familial » (1).

Avant tout, la philosophe réclamait que la
situation légale des enfants naturels fut modifiée.
Pour sauver la famille du naufrage, pour l'empêcher de tomber en désuétude, elle demandait qu'on la réformât courageusement. Elle
voulait voir la femme et les enfants devenir
des créanciers privilégiés dans la faillite : le
failli se trouverait dès lors sous la tutelle
féminine ; il aurait les moyens de refaire sa vie
et de relever sa famille. En outre, elle réclamait
l'instauration d'une autre forme de mariage,
dite *par contrat libre*, dont les contractants
auraient la faculté de débattre et fixer entre eux
les conditions. Dans cette nouvelle forme légale du mariage, que l'État se bornerait à enre-
gistrer, les enfants garderaient le nom maternel
comme nom de famille ou de *gens* transmissible,
avec le nom du père comme surnom viager. Un
tel mariage pourrait toujours se rompre par
consentement mutuel, voire par la volonté

____

(1) La Fronde, 12 juillet 1901.

constante et manifestée de trois en trois mois de l'un des époux. Avec l'union absolument libre, autrement dit, le droit pour la femme d'avoir des enfants de qui bon lui semble, cela ferait trois sortes d'union. Par l'institution et la législation d'une ou deux autres formes de mariage temporaire, dans lesquelles la position de la femme et de l'enfant étaient régularisés, tout prétexte se trouvait ôté au libertinage. Clémence Royer rappelle qu'il en était ainsi chez les Romains, qui avaient, avec la *confarreatio*, spéciale aux patriciens, dont notre mariage actuel est l'analogue, le mariage plébéien par *cœmptio*, dont notre système dotal est issu, enfin le mariage par *usu capio*, lequel était une union libre avec des effets légaux quant aux enfants dont il importe d'assurer le sort (1). Seules prenaient le titre de *matronnes* les épouses de patrices, mariées *per confarreationem*. Vers la fin de la République et sous les Empereurs, les patriciennes inclinèrent à adopter la coemption qui facilitait le divorce.

Ajoutons que le nom maternel donné aux enfants, lesquels appartiendront toujours à la mère dans les diverses formes de mariage précitées, trouve un argument puissant dans les lois d'hérédité naturelle. C'est, en effet, depuis longtemps, un axiome scientifique pour nos éleveurs et hybrideurs, que le mâle donne la variété et que la femelle donne la race. Une réforme

----

(1) *Moyens d'améliorer le sort des classes ouvrières*, Journal des Économistes, mars 1869. Lettre à Mme Lacour, 14 juin 1892.

corrélative des plus heureuses et que nos féministes devraient, en toutes occasions, revendiquer, c'est l'abandon de cette coutume ridicule, née chez les Précieuses du XVIIe siècle, mais rejetée par les grands classiques de l'époque, d'affubler les femmes non mariées du diminutif de *demoiselles*, lequel implique qu'elles deviennent des femmes à dater du jour où elles sont la propriété d'un homme. Aussi Clémence Royer eût voulu voir le bon sens public revenir aux termes virils de *citoyens* et *citoyennes*, adoptés par la Révolution, ainsi qu'à l'adoption du titre de *dame* par toute jeune fille majeure [1].

En somme la thèse de la philosophe, très belle et très humaine, est que l'amour maternel sauvera le monde le jour où la femme voudra le situer bien au-dessus de « l'autre », quand plus mère qu'épouse et amante, elle se refusera à partager son autorité sur ses enfants, les élèvera seule et saura remplacer le mariage qui la fait servante et dépendante par le *matriarcat* qui la fera souveraine [2].

[1] Clémence Royer. *Nos titres de politesse*. La Fronde, novembre 1898.

[2] *Lettre à Mme Léopold-Lacour*, 23 septembre 1896.

XII

LA RÉFORME DE LA PROPRIÉTÉ FONCIÈRE ET DU RÉGIME FISCAL.

Dans son volumineux roman philosophique:
les Jumeaux d'Hellas, Clémence Royer présente l'un des deux frères Mondoni vagabondant
à travers la végétation luxuriante des Marais
Pontins. Elle le montre, assis au sommet d'une
éminence, et en train de se demander si ce ne
serait point profaner cette solitude sauvage de
la campagne romaine que de la défricher, d'y
tracer des sillons, de la transformer par la culture
« en un habit d'arlequin, aux morceaux irrégu-
liers ». Et notre héros de se poser la question
de savoir s'il n'y aurait pas d'autres combinai-
sons possibles que celle qui consisterait à « bri-
ser en petits héritages, limités, bornés, indépendants, hostiles, le grand héritage commun que la
nation des consuls a transmis intact à la nation
des papes ». Et Mattéo d'évoquer le temps où
la fondation de monastères au sein des sava-
nes les transformait en campagnes riantes « ren-
dues fécondes sans rien perdre de leur beauté ».
Or, qu'au lieu d'un monastère de dévots s'élève
en ces lieux « une association puissante, instruite
cultivant d'un commun accord, sous des chefs

ces riches possessions ; que toutes les grandes
découvertes de la mécanique moderne soula-
gent les bras de ces colons nouveaux en multi-
pliant leurs richesses, et la campagne romaine,
et la savane des Marais Pontins elle-même,
sans rien perdre de ses grands aspects, deviendra
aussi féconde que belle, aussi hospitalière à
l'homme qu'elle lui est funeste » (1).

Il est curieux de voir Clémence Royer reprendre cette thèse, sous une forme plus scientifique, à trois lustres de distance, dans le *Journal des Economistes*. Dans une lettre adressée à son
rédacteur en chef, Joseph Garnier, et datée du
26 juin 1879, la philosophe répond à un article
de M. de Fontpertuis qui semblait croire à la
rectilignité indéfinie du progrès des institutions
humaines, sans récurrence possible vers le passé.
Tel pourrait un jour être le cas de la propriété
qui, chez les peuples chasseurs ou pasteurs,
fut d'abord collective et nationale, mais qui
devint individuelle « dans la phase agricole
embryonnaire que nous traversons depuis plusieurs milliers d'années ». Or, « si l'impossibilité de pourvoir aux besoins nutritifs des peuples
modernes, sans revenir à l'exploitation et à
l'appropriation collectives était démontrée ; si
le travail agricole, devenu trop onéreux, ne
pouvait plus nourrir l'agriculteur et l'ouvrier
urbain ; si la vie à bon marché pour tous ne
pouvait être réalisée que par la grande culture,
opérée avec de puissantes machines et peu de

____

(1) *Les Jumeaux d'Hellas*, tome I, p. 330.

bras; si enfin, pour échapper au fléau de la
grande propriété terrienne, résultant de la
grande exploitation, il n'y avait d'autres moyens
que le retour graduel à l'État du domaine du
sol ; il en faudrait bien prendre son parti, lors
même qu'il serait démontré que nous revenons
ainsi à certaines formes du droit primitif qui
ont jailli les premières de l'instinct social humain,
justement parce qu'elles leur étaient plus naturelles ».

Il peut être bon pour notre gouverne de médi-
ter ces lignes à une époque où la désertion en
masse des campagnes détermine chez nous
comme un appel automatique de colons et de
bras étrangers qui ne sont peut-être qu'une
avant-garde. Il est remarquable de voir certains
lords anglais, pour qui la leçon du blocus de la
Grande-Bretagne par les sous-marins allemands
n'a point été perdue, faire rendre de belles mois-
sons à leurs vastes domaines par le procédé,
aujourd'hui courant Outre-Manche, de l'électro-
culture à haute tension. Clémence Royer n'était
pas partisan néanmoins de l'appropriation individuelle indéfinie du sol, car sa nature est d'être
essentiellement limitée. Elle ne conteste pas que
cette appropriation, à l'origine, n'ait été d'une
grande utilité sociale. C'est, en effet, grâce à elle
que naquit et se développa l'agriculture.

En doit-il être encore ainsi de nos jours ?
Là où la terre ne manque à personne, là où chacun peut en trouver gratuitement à sa conve-
nance, elle admet le droit exclusif du possesseur,
mais seulement à titre provisoire. Là, au con-

traire, où il n'y a plus de terre pour tout le monde, l'État ne saurait en concéder aux uns sans léser les autres. Elle en conclut que l'État devrait avoir la propriété du sol et le louer par baux emphytéotiques. Ainsi l'État bénéficierait, comme les propriétaires, de la rente foncière et de la plus-value, et pourrait, en employant ce revenu à l'entretien des services publics, supprimer tous les impôts. Quel ne serait pas le revenu de l'État et des villes s'ils s'arrogeaient le domaine éminent du sol ! Avec la suppression du fisc, entraînant la réduction au minimum du taux des services publics, cette réforme immense empêcherait la grande propriété de se refaire, et donnerait à l'État un droit d'intervention partout où le sol reste en friche ou mal cultivé (1).

---

(1) Bulletin de la Société d'Études Philosophiques et Morales. Séance du 12 mars 1885, compte-rendu.

XIII

LE PROBLÈME DE LA DÉPOPULATION

La question de savoir si la grande division du sol qui prévaut chez nous depuis tant de siècles est vraiment un bien social et si un nouveau régime de la propriété foncière n'aurait pas de meilleurs effets, tant au point de vue de la richesse nationale que pour l'avenir de la race, a été posée incidemment par Clémence Royer, à la Société d'Anthropologie de Paris, au cours de la longue discussion qu'elle prit l'initiative de soulever sur la question de la dépopulation en France et l'affaiblissement de notre natalité, déjà étudié par Émile Levasseur et Bertillon père.

Après avoir posé en postulat cette vérité, en quelque sorte axiomale, que, si l'on a peu d'enfants en France, « c'est qu'on ne veut pas en avoir davantage », Clémence Royer trouve comme première cause de ce fait que la natalité française va diminuant plus rapidement que celle des autres peuples civilisés, chez qui, d'ailleurs, elle diminue également, sa cérébralité, son raffinement, son génie artistique, enfin, qui la font échapper plus qu'une autre aux fatalités sexuelles de l'animalité.

Il est vrai que les motifs qui déterminent

les individus ou les couples à n'avoir que peu ou point d'enfants, ne sont pas, dans la grande majorité des cas, d'un ordre moral bien élevé. Pour le plus grand nombre des ménages, dans les conditions économiques et sociales actuelles, avoir beaucoup d'enfants, c'est se créer une gêne considérable, qui prime le plus souvent cette considération du salut de la race dont se préoccupent nos penseurs : « Parmi les mobiles divers qui entravent la multiplication des enfants, — disait Clémence Royer, il y a 35 ans, — il faut compter, en première ligne, la cherté croissante et l'étroitesse exagérée des logements ». Son génie mathématique lui donne l'intuition d'une relation inverse entre la natalité moyenne dans chaque ville et le prix moyen du mètre superficiel de logement. Pour les maisons de rapport compartimentées, elle prédit une relation inverse entre le nombre moyen des enfants par famille et le nombre moyen des familles dans chaque maison. Tel serait peut-être la raison de ce fait que la natalité des campagnes dépasse de beaucoup celle des villes, et que la natalité des petites villes dépasse celle des grandes. Telle serait encore la cause de la natalité élevée de Londres et de toutes les villes anglaises, en général, comparativement aux nôtres. Outre-Manche comme Outre-Rhin, c'est l'usage général pour chaque famille d'avoir son *home* particulier. L'Angleterre, est plus que la France et plus que jamais, depuis une décade, la patrie des cités-jardins.

A une autre occasion, déplorant la profanation des jolis bois romantiques de la banlieue sud de Paris par les bastringues et par leurs habitués, la philosophe constate qu'on est trop foule dans le monde : « C'est l'espace qui manque à la vie moderne. On y vit comme des sardines rangées dans un baril, aplatis les uns sur les autres et les uns par les autres » (1).

C'est d'ailleurs chez les classes rurales, « les grandes réserves de la race », que cette diminution de la natalité lui apparaît surtout inquiétante. Elle constate que ce sont surtout les départements où le paysan est propriétaire qui donnent les plus fortes diminutions. Elle pense enfin qu'un mal d'ordre psychologique, puisqu'il réside dans les déterminations de la volonté, trouvera très difficilement son remède. Elle prévoit que les classes pauvres imiteront de plus en plus les riches à cet égard (2). Cependant, « certains motifs moraux, certains enthousiasmes, une conscience plus claire de la véritable moralité humaine et du vrai bonheur humain, pourraient suffire à arrêter cette tendance ». D'ailleurs, si le droit de la guerre était supprimé dans le monde, peu nous importerait que le chiffre de la population française restât stationnaire, si elle atteignait alors à une vie moyenne supérieure à celle de ses voisins (3).

----

(1) Lettre à Mme Léopold-Lacour, 17 août 1894.

(2) Bulletin de la Société d'Anthropologie de Paris, séance du 2 juillet 1891.

(3) Bulletin de la Société d'Anthropologie de Paris. *Discussion sur la dépopulation de la France.*

C'est une loi sociologique inéluctable, qui continuera à se vérifier demain comme aujourd'hui, qui veut que la densité de la population, le bien-être de moyen des individus, et la somme totale de la richesse sur une étendue donnée du sol, restent directement proportionnels à la liberté des individus et inversement à leur égalité. Les deux mots d'égalité et de liberté sont incompatibles. La Révolution Française, née de deux courants opposés d'idées, les a placés à la base du nouvel édifice social, qui pourrait bien en mourir.

XIV

LA FORMULE ROYÉRIENNE
DE L'ABOLITION DU DROIT DE GUERRE

Dans son savant mémoire *sur l'origine des Aryas et leurs migrations* présenté au Congrès international des Sciences anthropologiques tenu à Paris en août 1878, Clémence Royer, constatant que, depuis la chute de l'empire romain, « le flot aryen recule devant le flot asiatique », que les Celtes et Cimmériens, qui s'avançaient jadis jusqu'en Bohême et avaient leur avantgarde en Scythie, ont été refoulés en deçà de la ligne des Alpes et du Rhin, que les Germains et Goths ont cédé la plaine russe aux Scythes-Slaves, eux-mêmes en recul devant les Ouralo-Altaïques, venus des plaines tartares, voit dans ce recul progressif une menace pour cette race blanche qui, dès l'aurore de l'histoire, représente la forme supérieure de l'humanité.

Deux ans après, en conclusion d'un essai de réorganisation des états européens sur les bases logiques de la géographie, de l'ethnographie et des traditions nationales que nous eussions volontiers signalé aux grands plénipotentiaires de la Paix, en 1919, s'ils n'étaient systématiquement restés sourds à tous conseils venant du dehors, la philosophe prévoit que l'hégémonie allemande ne serait que l'annonciatrice de l'hégémonie slave, menaçant d'engloutir l'Europe, que derrière la Russie enfin, il y a l'Asie à laquelle elle enseignera le pouvoir de nos armes en lui en faisant sentir les effets : « Faisons bonne garde du côté de l'Oural, conclut-elle, et maintenons entre nous et lui plusieurs armées de peuples, plusieurs ligues ethniques, plusieurs lignes de défense successives » (1). Il ne faut pas que l'histoire des Alains et des hordes dont ils étaient l'avant-garde se renouvelle. Il ne faut pas surtout que de nouveaux Alains fugitifs puissent franchir impunément le sol français.

Vers la fin du siècle, la philosophe se rend compte qu'une guerre européenne serait un désastre pour nos races supérieures, qu'elle aurait pour effet de ruiner et affaiblir pour longtemps et dont *toutes* souffriraient en face des multitudes asiatiques, bientôt instruites par nous. En présence de perspectives aussi sombres, qui se sont en partie réalisées, elle ne voit qu'un seul parti qui soit possible, *l'abolition du droit de guerre.*

Telles auront été la thèse et la formule que nous présentâmes au Concours Français de la Paix, en 1924, et dont un jury disparate n'a eu cure, lui préférant une belle mécanique artificielle et si compliquée que sa mise en marche est une utopie. Cependant, nous persistons à penser que l'adoption par tous les Alliés, antérieurement à 1914, de la formule royérienne d'in-

---

(1) *De l'étendue et de la forme des groupes nationaux*, p. 20.

terdiction du droit de guerre, eût vraisemblablement prévenu la catastrophe. En voici les
trois articles à peu près dans les termes de notre
mémoire inédit adressé au Concours Filène.

I. — *Nul citoyen d'un état européen ne doit,
sous peine de mort, franchir sa frontière en armes.*

II. — *Celui qui oserait le lui commander sera
déclaré coupable de trahison envers l'humanité.*

III. — *La liquidation de la Guerre Mondiale
réclame la garde interalliée du Rhin, frontière
commune de l'Occident européen et avant tout
frontière géographique de la France.*

Rappelons que, dès l'année 1880, Clémence
Royer avait soutenu que notre pays peut se
targuer de son nom même de France, d'abord
subi comme un opprobre par la Gaule romanisée,
pour revendiquer ce pays des Francs qui, sous
Charlemagne, s'étendait entre l'Escaut, la Meu-
se et le Rhin, englobant la Franconie allemande,
« c'est-à-dire toute la vallée rhénane, jusqu'aux
sommets opposés » (1).

____

(1) *De l'étendue et de la forme des groupes nationaux.* p. 9.

XV

LE QUATRIÈME POUVOIR

En 1861, Clémence Royer, qui rêvait alors
de réformer l'église protestante d'Helvétie,
dont les adeptes s'étaient montrés si hostiles à
son enseignement rationaliste, fait paraître à
Lausanne, sous l'anonymat, sa brochurette :
*Ce que doit être une église nationale dans une
République*, dans laquelle elle préconise l'institution en Suisse d'une religion d'État qui
serait l'émanation vivante et muable de la pensée d'un peuple républicain « se manifestant
sans aucune pression venant d'en haut ». Pour
les populations des campagnes, toujours en
retard intellectuellement sur celles des villes,
elle réclame la création d'un enseignement
religieux, « à la fois savant et moral », s'adres-
sant aux adultes aussi bien qu'à la jeunesse et
offrant le double attrait du savoir et de l'éloquence, du fonds et de la forme. Dans cette
nouvelle église réformée, les candidats au brevet
pastoral devraient se montrer en possession
d'un bagage suffisant de connaissances générales comprenant, avec les mathématiques,
les sciences physiques et naturelles, et aussi
les sciences de l'homme, sans excepter la philosophie des religions : « La religion se rajeu-

nirait ainsi constamment dans les progrès scientifiques et politiques : au sommet par les études fortes et complètes des pasteurs, à sa base par la vie individuelle développée dans les consciences à l'aide de l'enseignement public, agrandi et continué aux adultes ».

Trois ans après, dans *les Jumeaux d'Hellas*, la philosophe montre un prélat romain entré dans l'Église avec l'intention naïve de la réformer, de l'amener à faire peau neuve, de l'élever au niveau de la pensée contemporaine, reconnaissant son erreur, l'Église ayant laissé passer le jour des réformes et ne pouvant plus que mourir. Et le cardinal Barbeschi d'avouer sa foi en une autre catholicité qui ne sera plus chrétienne et qui s'appellera l'humanité : « Homme du peuple, conclut-il, je reviens au peuple et rien qu'à lui, moins pour le flatter que pour l'éclairer sur ses fautes et sur ses vices ; moins pour le gouverner que pour faire triompher dans une juste mesure ses droits et ses libertés, évangile moderne plus beau que l'ancien, qui commence à luire par le monde » (1).

A la suite de nos revers de 1870, Clémence Royer publie dans *le Journal des Économistes* une série d'études d'ethno-sociologie sur la genèse des nations, sur leurs phases sociales successives, sur les facteurs externes et internes de leur progrès, de leur affaiblissement et de leur déclin. En conclusion de son mémoire lumineux sur les causes internes de la dissolution des

____

(1) *Les Jumeaux d'Hellas*, tome I, p. 157-158.

peuples, au cours duquel elle montre les victoires
des Allemands et le démembrement de la
France rendus possibles par l'antagonisme
des partis au sein de la nation, la philosophe
rappelle que pareil résultat n'a jamais manqué
de se produire au cours des temps chez tout
peuple « livré à ses instincts, à ses passions
égoïstes, aux fatalités de la nature humaine
imprévoyante ». Aussi, pour éviter que la démocratie, seule forme de gouvernement désormais
possible, ne dégénère en démagogie, elle réclame
la création d'une « aristocratie intellectuelle »,
d'une caste directrice comprenant les individus
les plus intelligents, les plus éclairés, recrutés
dans les rangs du peuple, et y rentrant sans
cesse comme ils en sont sortis. Le vice uniforme
des oligarchies théocratiques, forces morales
autant que matérielles régnant sur les esprits,
aura été de s'enkyster dans des canons immua-
bles, dans un symbole religieux qui constitua
dans la suite une entrave aux progrès de l'esprit
humain. De même que le mandarinat chinois a
enfermé la Chine depuis des millénaires dans un
respect abusif des aïeux qui paralyse tout progrès, de même notre clergé « s'est montré hostile
à toute rénovation d'un dogme vieilli dont, dès la
Renaissance, toute découverte nouvelle de la
science venait faire éclater l'erreur. Immobilité,
ignorance : voilà le double vice qui a perdu l'É-
glise, comme le mandarinat ».

« Que dans notre Europe démocratique s'éta-
blisse un mandarinat savant, une nouvelle église
mobile, progressive, une sorte d'université éta-

blie sous de sérieuses conditions de compétence, chargée d'éclairer la nation sur ses vrais inté- rêts, de lui dispenser la science après avoir travaillé à la fonder, à la développer, à en coor- donner les diverses parties ; que dans l'État, elle forme un pouvoir exclusivement consul- tatif, sans puissance législative ou exécutive, mais indépendant du gouvernement, et nos sociétés modernes trouveront peut-être dans cette institution vraiment pondératrice la vraie condition de leur équilibre. » En 1880, dans un autre mémoire, Clémence Royer revient sur son idée, en préconisant la fondation d'une aris- tocratie intellectuelle, élective et démocratique, « émanant du peuple et retournant à lui », qui donnerait l'influence et le gouvernement aux plus capables et aux plus dignes (1). Dix ans après, dans son mémoire de concours : *la Morale dans l'Histoire*, elle montre quels furent les avantages pour la Chine du mandarinat, avec sa hiérarchie d'hommes instruits, et qui ne filtre que les seuls capables, constituant, sinon le gouvernement parfait, du moins le meilleur des gouvernements possibles : « En somme, — ajoute-t-elle, — la Chine s'en est trouvée bien puisqu'elle le garde ».

L'année suivante, en conclusion d'une notice sur Saint-Simon(2), la philosophe fait remarquer que les abus auxquels donnèrent lieu la réalisa-

---

(1) *De l'étendue et de la forme des groupes nationaux*, p. 18.
(2) *Nouveau dictionnaire d'économie politique*. Art. : Saint-- Simon.

tion des idées du grand réformateur sur l'influence politique de la classe industrielle ne se seraient pas produits si s'était réalisée corrélativement l'idée saint-simonienne de la création d'un pouvoir spirituel « exercé par une élite savante, représentant l'intérêt général». Vers la fin du siècle, concrétisant sa pensée, la philosophe trace les cadres de ce « quatrième pouvoir » qu'elle veut voir « maître de ses programmes et se recrutant lui-même ». Dans les instituteurs des deux sexes de nos 36.000 communes, elle voit la large base « sur laquelle on peut fonder une hiérarchie élective » (1).

Vers le même temps, dans une lettre à une amie, Clémence Royer gémit de voir les cupidités particulières de nos protectionnistes prendre le pas sur l'intérêt général, le seul que personne ne songe à défendre : « Il en sera toujours ainsi, — écrit-elle, — tant que le grand nombre des imbéciles gouvernera en vertu du droit des majorités ; tant que l'on comptera les suffrages au lieu de les peser ; tant qu'au sommet de l'État, il n'y aura pas un quatrième pouvoir, un pouvoir suprême, le pouvoir enseignant, la nation pensante, éclairée, savante, pouvant mettre son veto aux folles décisions des multitudes » (2).

L'auteur de cet ouvrage a soutenu à nouveau cette thèse salvatrice et rénovatrice dans *le Rappel*, en 1925. Il lui serait fort agréable de voir le corps enseignant prendre souci de la reven-

---

(1) *Le Pouvoir enseignant*, La Fronde, 12 février 1898.
(2) *Lettre à Madame Mary Léopold-Lacour*, Octobre 1896.

diquer à son tour. Il faut que prenne corps sans
plus tarder le souhait fervent que nous expri-
mait notre très cher et grand Philéas Lebesgue
au cours de la guerre : réaliser la suprématie
des élites dans la société des hommes et l'hégémonie de l'esprit.

XVI

CRITIQUE DU POSITIVISME COMTIEN

Dans un des mémoires illustrés présentés par elle en 1873 à l'Académie des Sciences sous le titre : *Théorie atomique de l'unité de la matière et de ses forces*, Clémence Royer prévoit qu'il ne restera rien du système de Spencer, et de celui de Comte, le jour où la physique réussira à pénétrer par induction l'essence de la matière, « à faire toucher du doigt par tous la cause première universelle et à la montrer agissant éternellement, suivant des lois fixes incréées comme elle ».

En 1881, dans son *Histoire de la Philosophie de l'Evolution*, la philosophe refait plus en détail le procès de l'école positiviste en France et en Angleterre. Elle proteste contre le « décret » d'Auguste Comte enfermant l'esprit humain « dans le musée toujours agrandi des faits particuliers, sans jamais en saisir la loi ». Elle soutient que les seuls grands esprits de l'école positiviste furent ceux qui surent faire acte d'indépendance et « dépasser la longueur de ce lit de Procuste intellectuel ». Elle montre enfin les disciples anglais de Comte plus intelligents et plus indépendants que les disciples français, qui exagérèrent encore l'agnosticisme du maître,

se réclamant de sa méthode sans s'astreindre à
s'emprisonner dans ses textes. Herbert Spencer,
qui montre une plus grande largeur de vue et
répugne moins à émettre des hypothèses que
Comte et ses disciples, orthodoxes ou schisma-
tiques, apparaît dès lors comme un hérétique,
un excommunié de l'Église positiviste. Recueil-
lant la moelle des travaux si remarquables des
savants naturalistes de l'époque victorienne,
les Darwin, les Lyell, les Huxley, les Tyndall,
les Lubbock, il entreprit d'en bâtir la synthèse.
Par malheur, son postulat positiviste, « limitant
son enquête au monde phénoménal, lui interdit
d'en franchir les bornes, pour aller, dans le
domaine rationnel, chercher le principe d'unité
qui relie entre eux les phénomènes». Clémence
Royer accuse le philosophe anglais de manquer
d'esprit d'invention. «Organisation d'artiste,
il a une rare puissance d'assimilation », mais n'a
su que coordonner des vérités déjà découvertes.
L'activité inductive lui manque.

Il ne faut donc point s'étonner que Clémence
Royer, après avoir anticipé de deux décades :
The Data of Ethics de Spencer, ait dépassé les
principes généraux, mais non universels, y
contenus, le philosophe anglais n'ayant point
osé, comme la savante française, accorder une
aube de sentiment et de conscience au monde
inorganique. Ce livre si nouveau : *Le bien et la
loi morale*, qui donnait à la philosophie droit de
cité parmi les sciences exactes, en l'enlevant aux
disputes d'école, devait attirer à la philosophe
une lettre de Mantegazza qui lui donna l'espoir

qu'il existait encore des esprits décidés à faire un effort « pour connaître le fin mot des choses ».

Dix ans après l'apparition de son *éthique*, Clémence Royer publie, dans le nouveau Dictionnaire d'Economie politique, un article très nourri sur le positivisme dont Bacon et même Aristote, d'après elle. auraient été les vrais créateurs, et qu'Auguste Comte n'aura fait qu'émasculer en déclarant à tort les causes premières inaccessibles à la raison humaine et leur recherche illégitime. La doctrine négative de Comte ne serait d'ailleurs qu'une forme séculaire du scepticisme philosophique, ou *subjectivisme.* Par Kant, Hume et Berkeley, elle remonterait aux Eléates et à Parménide.

Dans l'article initial de sa collaboration à *la Science Française* d'Emile Gautier, Clémence Royer plaide éloquemment la cause de la science, accusée d'impuissance, en un siècle si riche en merveilles, par des accusateurs incompétents. D'ailleurs la science est encore toute jeune ; elle présente encore de larges lacunes, et les savants, dans leurs études, se heurtent à des inconnues non résolues, mais qui pourront l'être demain, « grâce à quelque découverte nouvelle, ou à une hypothèse plus ingénieuse, plus compréhensive et plus féconde » (1).

____

(1) *Les lacunes de la science*, la Science Française. 23 août 1895.

XVII

*NOTIONS D'ÉTHIQUE
ET DE TÉLÉOLOGIE ROYÉRIENNES
LA LOI DE FINALITÉ DU MONDE*

En conclusion de cette Préface à la première
édition de *l'Origine des Espèces* qui fit tant
de tapage et donna lieu à tant de discussions,
Clémence Royer pose en postulat ce principe
de l'éthique rationnelle et objective qui proclame
que la loi morale, pour toute espèce, est celle
qui tend à sa conservation, à ses progrès.
relativement aux lieux et aux temps. Vers la
même époque, au Congrès de l'Association
Internationale des Sciences Sociales, tenu à
Gand, la philosophe énoncera le principe fondamental de la loi morale d'une espèce vivante
comme étant *l'utilité de l'espèce qu'elle régit.*
C'est ainsi que la loi morale de l'humanité,
ajoutait-elle, « *doit se prêter à la multiplication
de ses individus, de ses variétés, de ses formes
supérieures : à l'agrandissement de ses facultés,
de ses puissances, de ses progrès en tous sens
dans l'échelle des êtres* ». Cette loi morale de l'espèce *Homo sapiens*, Clémence Royer en pré-
cisera les données en 1870, dans ce livre admirable et si mal connu : *Origine de l'Homme et*

des Sociétés, en conclusion duquel elle proclame l'inégalité des individus quant à la valeur propre dont, seule, la loi de liberté absolue donne la norme ; il s'en suivrait que la formule de la plus haute prospérité sociale résiderait « dans l'égalité de liberté initiale pour chaque membre du groupe national et dans le libre jeu des forces et initiatives individuelles » (1).

Bientôt après l'apparition de ce chef-d'œuvre, la rédaction de sa *théorie atomique de l'unité de la matière et de ses forces*, sous la forme d'une série de mémoires, encore défectueux par endroits, qui restèrent enfouis un demi-siècle dans les archives de l'Académie des Sciences où nous allâmes les déterrer récemment, allait lui permettre à la fois de « constituer la science du beau sur des bases expérimentales et solides », et de créer de toutes pièces une métaphysique nouvelle ayant la prétention « d'être à l'ancienne ce que la chimie est à l'alchimie et l'astronomie à l'astrologie ». Cette éthique et cette téléologie d'une philosophie totale du monde, Clémence Royer les présentera au public dans : *le Bien et la loi morale* (1881), ouvrage remarquablement écrit et pensé, qu'elle pressentait destiné à inaugurer une « révolution philosophiqu » en offrant une base d'entente entre l'école des spiritualistes et celle des matérialistes, jusque-là rivales, sur le terrain neutre du substantialisme, en montrant que les phénomènes physiques, comme ceux de la pensée, « ne sont que

____

(1) *Origine de l'Homme et des Sociétés*, p. 585.

la double manifestation, interne et externe, d'une substance unique, à la fois force, vie et intelligence » (1).

Après y avoir étudié, dans la première partie, l'antinomie du bien et du mal, sur lesquels nous portons des jugements tout subjectifs, variables avec chaque race et chaque individu, avec chaque caste sociale et chaque époque, comme avec chaque période de la vie d'un même individu; après avoir établi, par la logique inductive et par l'algèbre, en quelle proportion le bien et le mal se trouvent réalisés dans le monde, l'auteur tire ce principe que le but suprême du Cosmos est le souverain bien absolu, réalisé par la hiérarchie des êtres et par la diversité des sensations éprouvées par chacun d'eux dans l'infinité du temps. Dès lors, se demande l'auteur, quel sera le principe moral de chaque espèce vivante ? Quelle règle de conduite devra-t-elle suivre pour vivre et se perpétuer ?

Tout ce qui est utile à la multiplication d'une collectivité spécifique, à la variété de ses races et de ses individus, à son amélioration en qualité, sera moral pour cette espèce. Tout ce qui, par contre, tend à diminuer le nombre des représentants d'une espèce, à uniformiser ses aptitudes, à restreindre ses jouissances, est pour cette espèce immoral. De même, tout ce qui sera utile à chaque variété, race ou individu, tout ce qui accroîtra, diversifiera la somme de ses jouissances, l'intensité, la variété de ses facultés,

______

(1) *Le bien et la loi morale,* Préface, p. ix.

sera conforme à sa loi morale particulière, dans
la juste mesure où son bonheur individuel n'em-
piétera pas sur le droit au bonheur que possèdent,
à un égal degré, les représentants de la race,
de la variété ou de l'espèce, par le fait même
qu'ils existent.

On comprendrait ainsi que, de la plus grande
variété possible réalisée dans les caractères
physiques et dans les virtualités psychiques des
espèces et des individus, doive résulter le maximum de bien-être général dans le monde sensible avec le minimum de mal possible. Il s'en
suivrait que *tout ce qui multiplie dans le monde
par les plus grands facteurs possibles le nombre
des existences conscientes et leur variété, avec la
diversité, l'intensité, la somme et la qualité des
jouissances qu'elles peuvent se partager est moral.
Tout ce qui diminue ces quantités est immoral* (1).

Pour chaque monde, le bien sera la multiplicité des existences conscientes, leur variété,
leur bonheur. Pour chaque espèce, chaque race,
chaque famille, ce sera l'accroissement en
nombre de ses représentants, jusqu'à une limite
maximum pour chaque monde. Pour chaque
individu, le bien sera le plus parfait bonheur,
avec la somme la plus grande d'activités utiles.
Au-dessus de ces morales individuelles, spéci-
fiques ou mondiales, le souverain bien universel absolu sera la plus forte somme d'existences
conscientes, aussi variées et variables que pos-

---

(1) *Le bien et la loi morale*, p. 307.

sible, avec le maximum de jouissances diverses pour chacune d'elles.

Peu de mois après l'apparition de ce livre génial, si profondément original, qui, dépassant de haut les conclusions mesquines du *Data of Ethics* de Spencer, formulait pour la première fois la morale de l'inorganique, avec la grande loi supérieure du Logos universel, la philosophe, en conclusion de son *Histoire de la philosophie de l'Evolution*, après avoir critiqué le positivisme agnostique du philosophe anglais, disciple de Comte, lui oppose son substantialisme dynamiste qui lui permet de formuler, comme loi de finalité du monde, une loi d'évolution cyclique universelle « ayant pour fin de maintenir constamment dans le monde la plus grande quantité de vie consciente possible, à la plus haute intensité possible et d'y *multiplier le bonheur par les plus grands facteurs possibles* ».

« Dans la molécule d'eau ou d'air, — écrit-elle, — dans le sable ou les rochers des rivages, au fond des couches internes des globes, dans la fournaise solaire, dans toutes les masses stellaires, comme dans leur éther ambiant, dans tous les mondes des voies lactées, circulant dans tous les cieux, dans l'infini de l'espace et l'éternité du temps, la vie coule à bords toujours pleins dans la coupe de l'être. L'atome, toujours moteur et toujours mû, toujours individuellement conscient de son mouvement et de son énergie motrice, agit, vit, pense, veut, *en soi, par soi, pour soi*, dans des limites toujours infranchissables qui, mesurant la liberté au droit, l'enferment perpétuellement dans les bornes éternelles du juste et du bien qui est la loi suprême de cette République des êtres, comme elle en est la fin et le but » (1).

On ne peut qu'admirer l'ampleur et la hardiesse géniale de ces vues théoriques, uniques depuis Bacon, et si bien en accord avec les faits de notre expérience quotidienne. Née il y a vingt-trois siècles, sur les rivages de la bleue Égée, où l'air est si limpide, retrouvée et reprise sur les bords du Léman, par Clémence Royer, alors agée de 27 ans, dès 1857, enseignée pour la première fois en 1859 dans son cours de Lausanne, cette conception grandiose de l'ordre du monde, basée sur l'hypothèse, confirmée récemment par un scientiste d'Harvard, de l'atome démocritain, fluide, élastique et expansif, doué de force et de vie, riche d'activités internes, possédant déjà une aube de conscience, paraît bien appelée à opérer une transformation profonde dans nos sciences théoriques, restées en retard par manque d'un lien logique, d'une de ces généralisations hardies venant féconder et mettre en valeur l'amoncellement énorme des faits de détails enregistrés par des générations de patients chercheurs. Seul, aujourd'hui, le substantialisme dynamiste paraît capable de rendre compte du jeu des phénomènes généraux, restés inexpliqués avec les vieilles hypo-

____

(1) *Histoire de la Philosophie de l'Evolution*, chap. XLVII.

thèses provisoires, toutes insuffisantes et toutes également fausses, de nos physiciens. Seul, le substantialisme royérien pourra jeter quelque lumière sur cette transmutation des éléments, rêve des vieux alchimistes, qui aura tant troublé l'esprit de nos chroniqueurs scientifiques lorsqu'ils s'avisèrent de commenter les recherches d'un Curie, d'un Ramsay ou d'un Rutherford !! Seule, la théorie de l'atome fluide, déformable et répulsif, nous révélera la nature réelle de cet éther, dont Einstein lui-même reconnaît l'existence, et qui joue le triple rôle d'agent transmetteur des phénomènes vibratoires, d'agent producteur de la gravitation et d'agent moteur dans les phénomènes vitaux. Seule, également, la dynamogénèse royérienne rendra compte des faits si capricieux de l'hérédité et des croisements dont les schémas théoriques de Gregor Mendel font ressortir nettement le caractère dynamique. Seule, enfin, cette synthèse complète, définitive, exacte dans l'ensemble, des faits acquis à la science et des grandes lois régissant l'ordre du monde, pourra donner demain à une humanité désorientée, en quête de sa loi morale, et cherchant à tâtons depuis plus d'un siècle les éléments d'une certitude, la clef magique d'une Philosophie de l'Espérance, en établissant, sur la théorie de l'évolution, les bases solides de son éthique spécifique, subordonnée elle-même à la Loi logique universelle du Logos.

XVIII

THÈSES ET INITIATIVES DIVERSES

Au cours des années 1862 à 1864, nous voyons la commentatrice de Darwin, appliquant la théorie de l'évolution à l'étude du crédit public, poser en postulat cette vérité que rien n'est bon de ce qui est complètement ancien ou complètement nouveau, car, d'une part, le changement est la loi des choses, et d'autre part, on ne crée rien *ex nihilo* et sans tenir compte des lois de l'ordre du monde. Si donc le crédit public, « enfant puiné de l'esprit de gouvernement », est chose neuve, on peut croire qu'il n'est dans la vie des nations qu'un résultat fortuit des circonstances ; si l'emprunt est d'hier, on peut présumer sa disparition prochaine (1).

Si les emprunts publics constituent pour les gouvernements un expédient éminemment commode leur permettant de se procurer des ressources, c'est également le plus dangereux et celui qui, à l'expérience, leur est devenu le plus funeste. Quand il leur faut en user, ce doit être avec la plus grande réserve. S'en remettre à l'avenir du soin de libérer les dettes du pré-

____

(1) *Des emprunts et des contributions de salut public.* Journal des Economistes, décembre 1862.

sent, c'est s'en remettre à l'inconnu. Les guerres
de nation à nation étant un phénomène pério-
dique, chaque génération serait sage de payer
ses propres guerres, car les générations à venir
auront assez à porter leur propre fardeau. Dans
les cas urgents où l'emprunt a ses avantages,
celui-ci doit être un emprunt remboursable à
terme, ne s'étendant au maximum qu'à la durée
d'une génération. Une fois établie dans l'État,
la dette perpétuelle est une plaie qui toujours
se creuse et jamais ne se ferme, un mal presque
sans remède, à moins qu'on n'ait recours à ce
terrible expédient qu'est la banqueroute (1).

En mars 1863, dans une analyse critique du
livre d'Eugène Véron : *Du progrès intellectuel
dans l'humanité*, Clémence Royer s'accorde avec
l'auteur sur ce point que le progrès existe dans
les arts et dans la poésie comme dans la science
et dans l'industrie. Elle le loue d'avoir heureusement indiqué le mouvement constant de la
conscience humaine ; l'incessante muabilité des
idées morales qui forme un si grand contraste
avec la fixité des concepts intellectuels. Comme
la théorie de Frœbel, sa thèse du progrès esthé-
tique part de l'analogie constatée entre le développement de l'enfant et celui de l'humanité (2).
Cette même année, la philosophe publiera, pour
un riche philanthrope hollandais, un projet de
collège international, rationaliste et polyglotte,
libre de toute influence gouvernementale, par

---

(1) *Des emprunts.* Journal des Économistes, juin 1864.
(2) Journal des Economistes 2e série Vol. 37.

lequel les civilisations et les humanités devaient se trouver rapprochées (1). « Mieux les hommes se comprendront, dira-t-elle à ce sujet, plus les idées avanceront vite, et plus le progrès sera rapide ». En 1864, paraîtra à Turin sa brochurette rédigée en italien, dans laquelle elle engage les Turinois à aviser aux moyens de développer l'industrie, afin que Turin devienne bientôt le Lyon de l'Italie (2).

De retour à Paris avant la chute de l'Empire, Clémence Royer, en même temps que paraissait dans la *Revue de Philosophie positive* sa remarquable étude sur *Lamarck, ses œuvres et son système*, continuait à s'occuper de la publication des livres de Pascal Duprat. En 1869, elle donne des conférences à la salle des Capucines, tâche ingrate, qu'elle regrette d'avance d'avoir assumée : « Que je voudrais retourner au soleil d'Italie, ou me fortifier aux froides brises des Alpes », écrit-elle au début de l'année.

L'*Origine de l'Homme et des Sociétés*, dont les chapitres consacrés au langage et à ses origines avaient été insérés, dès février 1869, dans *la Pensée nouvelle*, parut en librairie en avril 1870. La guerre éclata trois mois après et le succès de ce beau livre s'en trouva arrêté ; la guerre et ses suites tragiques le firent oublier. Il fut même confondu parfois avec *The Descent of Man* de Darwin, dont, pour la génération nouvelle,

---

(1) *Fondation d'un collège international rationaliste.* Genève

(2) *Avvenire di Torino, sua trasformazione in città industriale*, in-8° de 24 pages, Typografia nazionale.

Clémence Royer n'était plus que la traductrice !!

Énervés par nos désastres, les esprits rétrogradaient en philosophie. Le positivisme offrant ses solutions négatives et supprimant les questions au lieu de les résoudre, décourageait de toute étude. En posant ce postulat faux qu'on ne saurait jamais rien, il encourageait la paresse d'esprit. La philosophe essaya de réagir contre cette indifférence intellectuelle de la nouvelle génération, folle de peinture et de musique, et descendue à ne plus se complaire qu'aux romans de Zola, parce qu'ils dispensaient de penser. Le prophète à la mode était alors Renan, aimable sceptique, qui, n'affirmant ni ne niant jamais, ne contrariait personne. En 1873, elle fît à nouveau des conférences au boulevard des Capucines devant un public mondain, curieux, mais indifférent. Pensant trouver des auditeurs plus compétents et plus fidèles dans le quartier des Écoles, elle demanda la salle Gerson pour y exposer sa théorie atomique. Par malheur, elle n'était pas docteur et le conseil académique la lui refusa à l'unanimité. « Et voilà pourquoi votre fille est muette... » dira-t-elle un jour à un de ses amis.

Cette même année 1873, Clémence Royer prend part au Congrès de l'Association Française tenu à Lyon. On était alors en pleine réaction et les savants officiels regardaient avec quelque dédain cette intruse, dont les vues hardies sur l'origine et sur l'antiquité des diverses races humaines bouleversaient les idées acquises.

Au musée de Genève, où les congressistes
s'étaient rendus en excursion, on leur montra
le squelette d'un singe anthropomorphe. Ce fut
l'occasion d'une discussion entre de Quatrefages
et Clémence Royer qui, une fois encore, réfuta
avec chaleur et victorieusement les pauvres
objections de son adversaire officiel (1).

Dans les numéros de décembre 1874 et janvier 1875 du *Journal des Economistes*, Clémence
Royer publie deux articles que la *Société internationale d'obtention de concession du canal
colombien* réunit ensuite sous forme de brochure (1). Après une étude rapide de la géographie et de l'orographie de l'isthme américain,
suivie d'une révision chronologique des précé-
dentes tentatives de percement de l'isthme,
l'auteur y donne une relation des deux expédi-
tions Lucien de Puydt dans la région du Darien,
pour soutenir ensuite le projet de l'explorateur,
consistant à utiliser l'un des seuils de la Cordillère, la passe qui réunit le haut cours du Rio
Tanela à celui du Rio Paya, pour le percement
d'un canal interocéanique à niveau, sans écluse
ni tunnel (2).

Or, aujourd'hui que les Anglo-Américains
reconnaissent eux-mêmes l'insuffisance de leur
château d'eau de Panama-Colon, sans cesse à
la merci des glissades de terre de la Culebra,
et qui ne répond encore que dans une faible

(1) *Lettre de M. Alfred Pichon*, 19 novembre 1907.
(2) *Du percement de l'isthme américain*.

mesure aux besoins du trafic international,
l'heure est peut-être proche où l'intérêt commun
des Anglo-Saxons et des peuples latins sera de
reprendre un ou plusieurs des anciens projets
par le Darien, région de l'isthme où le climat
est des plus salubres, le mur montagneux aisé
à franchir, et qui, pour des raisons ethniques et
géographiques bien évidentes, constituera demain un centre d'attraction puissant pour la
Latinité, restée trop longtemps indifférente à
ses vrais intérêts dans le Centre-Amérique.

En l'année 1876, Clémence Royer fait paraître
dans *le Républicain Landais*, sous l'anonymat,
sa *Lettre d'Opportune Fervent à Mgr l'évêque
d'Aire* (Cardinal Lavigerie), dans laquelle, à
l'aide de nombreuses citations, tirées des deux
testaments, elle démontre au prélat que la
République se trouve être, mieux que la monarchie, en accord avec les principes chrétiens. Or,
peu de temps après la publication de ce petit
pamphlet, très respectueux quant à la forme,
mais d'une fine ironie voltairienne, le cardinal,
homme supérieur à la moyenne de ses pairs,
au cours d'une visite à Léon XIII, convertira le
pape à sa nouvelle politique d'adhésion à la
République, à laquelle il s'était rallié dans l'intérêt de l'Église, sans compter le sien propre.

A titre documentaire, signalons également
ce fait, resté inconnu, que Clémence Royer est
l'auteur de l'éloquent *Manifeste aux effrayés*,
riche d'aperçus curieux sur les hommes poli-

tiques qui tinrent en mains les destinées du pays au lendemain de nos défaites de 1870, qui fut affiché sur les murs de Paris, peu de jours après la mort tragique de Gambetta, en décembre 1882, et parut en même temps en brochure dans les librairies. Dans ce manifeste, signé Jacques Bon Sens, où la philosophe, dénonçant la faute commise le 4 septembre par le gouvernement de la Défense Nationale en ne remettant pas en vigueur, par décret, la Constitution de 1848, et en s'opposant à l'élection d'une Assemblée nationale qui eût pu changer le sort de la guerre, réhabilite cette génération tant calomniée de 1848 « dont la générosité, restée sans tache, réconcilia la France avec la République en lui faisant oublier les violences des terroristes de la première révolution ». Rappelant ce fait trop certain que les princes constituent réellement une race humaine spéciale, que, n'ayant jamais voulu reconnaître de pairs, « nous avons le droit de n'en point vouloir pour égaux », Jacques Bon Sens met en garde le peuple français contre ce « virus royal » que nos pères inoculèrent à notre sang et dont nous subissons encore l'action « quand, par enthousiasme ou par crainte, nous accordons à un homme un pouvoir absolu toujours disproportionné à ses mérites ».

Dans sa séance du 21 juillet 1887, la Société d'Anthropologie de Paris donne son entière approbation au projet que lui avait soumis Clémence Royer, de création au Parc Montsouris, avec le concours de l'État et de la ville de Paris, d'un laboratoire d'expérimentation transformiste ayant pour but l'étude directe des croisements entre espèces animales voisines. Ce projet si intéressant pour l'avancement des sciences biologiques, auquel le professeur Mathias Duval apporta alors son appui, sera repris par son élève, M. le Docteur Georges Hervé, dans un cours magistral sur les croisements et l'hérédité mendélienne (1913-1914).

C'est en 1887 également que, dans *la Revue d'Anthropologie*, Clémence Royer reprend, pour l'étudier à fond, la proposition de Victor Meunier, chroniqueur scientifique au *Rappel*, visant à transformer les singes en auxiliaires des hommes par la domestication.

Si, en effet, les négresses font pour les bébés européens d'admirables nourrices, pourquoi les guenons, dont le lait est chimiquement si semblable au lait maternel, dans l'espèce *Homo Sapiens*, ne pourraient-elles au besoin remplacer comme nourrices les mères qui, pour une cause quelconque, sont dans l'impossibilité d'allaiter leurs nouveaux-nés ? La philosophe rappelle à ce propos qu'elle a de beaucoup anticipé Victor Meunier en émettant l'idée d'acclimater les grands singes africains, et notamment le chimpanzé, à l'effet d'en obtenir des nourrices. Elle préconise la fondation au Sénégal de fermes d'élevage dont les produits, après plusieurs générations, pourraient être transportés en Algérie, puis dans le midi de la France. Elle montre que le fait de posséder deux mains préhensiles rend

le singe apte à une foule de services divers dont
seraient incapables le chien, le cheval et l'éléphant, trop différents de nous anatomiquement.

Cette idée ingénieuse de la domestication et de
l'utilisation des singes comme serviteurs des
hommes, après sélection et entraînement gra-
dué, que Clémence Royer garda longtemps
pour elle, par crainte de choquer d'antiques
préjugés, a désormais d'autant plus de chances
d'être bien accueillie du public que le chimpanzé a depuis quelque temps son utilisation
médicale dans l'opération de la greffe humaine.
Les singes, en temps de guerre, pourraient
ainsi remplir bien des rôles périlleux pour nous,
par exemple allumer la mèche d'une mine ou
porter une corde au haut d'un rempart. Moins
exigeants et plus discrets que les gens de maison,
les singes domestiques accepteraient leur rôle
d'inférieurs sans récriminer et sans se plaindre.
Sans doute, pareille innovation rencontrerait-elle
une vive opposition de la part des corporations
qu'elle viserait. Mais si, dans nos climats inclé-
ments, le singe travailleur coûterait cher à
nourrir et risquerait de mourir vite, il pourrait
remplacer avantageusement le nègre ou le
coolie chinois pour le travail agricole dans
l'Amérique intertropicale, en Afrique, à Madagascar, dans l'Inde, en Australie. Il est vrai,
ajoute la philosophe, en terminant, que toute
médaille a son revers et qu'il serait prudent de
faire le nécessaire à ce moment-là afin d'empêcher tous rapports sexuels entre les deux souches depuis trop longtemps divergentes.

XIX

LES ANNÉES D'ÉPREUVE

Paru en 1881, *le Bien et la loi morale* faillit faire obtenir à son auteur, l'année suivante, de l'Académie des Sciences morales et politiques, le prix Jean Reynaud, qu'elle avait à décerner pour la première fois. Un nouveau candidat, menaçant de diviser les voix, força la commission, en majorité favorable à la philosophe, d'abandonner sa candidature. L'année suivante, le mémoire de concours sur l'*Histoire de la Philosophie de l'Evolution*, qu'elle avait présenté pour le Prix Crouzet, reçoit une récompense de 1500 francs. Son fils René, alors âgé de 16 ans, avait aidé sa mère à recopier au net certains chapitres du manuscrit. Un mémoire complémentaire inédit, envoyé par la savante au concours ouvert par la Faculté des Lettres de Bordeaux sur cette question : *la lutte pour la vie et l'accord pour la vie,* et portant pour titre : *la lutte vitale,* n'a pu être retrouvé dans les archives de la Faculté. Nous avons des craintes sérieuses sur le sort de ce volumineux mémoire, lequel devait constituer le quinzième volume des œuvres complètes de la philosophe.

Nommé envoyé extraordinaire et ministre plénipotentiaire au Chili, Pascal Duprat, ayant quitté Santiago pour revenir en France au cours de l'année 1885, mourut en mer d'un mal mystérieux. Victime de calomnies journalistiques, le chagrin l'aurait tué. Clémence Royer regrettera beaucoup son ami, avec qui, dit-on, elle ne s'entendit pas toujours très bien. En 1886, au lendemain du centenaire d'Arago, elle fera son éloge dans son histoire de la vie politique d'Arago : « Vers 1845, écrira-t-elle, Pascal Duprat, qui revenait d'Alger, son livre sur les *races de l'Afrique du Nord* entre les mains, devint un des familiers de la maison. Arago témoignait une prédilection particulière à ce jeune compatriote, né, comme lui, au pied de ces Pyrénées dont ils pouvaient parler ensemble, comme ensemble ils pouvaient parler l'espagnol et l'arabe et qui semblait montrer dans les lettres les mêmes facultés brillantes qui avaient ouvert à Arago la carrière des sciences. C'était chez l'un et l'autre le même esprit incisif, étincelant, parfois ironique, la même mémoire merveilleuse, la même éloquence naturelle, entraînante, plus persuasive encore dans la causerie intime qu'à la tribune » (1).

Dans les années qui vont suivre, la philosophe constituera un dossier copieux de notes et de références sur les républiques sud-américaines. On y trouve notamment des extraits de l'*Etoile du Sud* relatifs à l'affranchissement des noirs au Brésil. La pièce maîtresse de ce dossier est un manuscrit de 26 pages sur la *République de*

---

(1) *La vie politique de François Arago*, p. 13.

l'Uruguay dont elle étudie l'histoire, la constitution géologique, les ressources agricoles, la situation financière, les projets de travaux publics, enfin, le souci de réduire au minimum indispensable l'armée et l'escadre nationale. Ce sont là quelques-unes des trop rares épaves que nous réussîmes à sauver de la catastrophe des pièces d'archives dont il sera question plus loin...

En 1888, la philosophe, dont le revenu annuel allait diminuant, par suite de la réduction graduelle de la modeste subvention qu'elle recevait du Ministère de l'Instruction publique, depuis trois ans, sollicitera le bénéfice d'un bureau de tabac, en sa qualité de fille d'officier de l'armée de terre et de petite fille de capitaine de frégate (1).

---

(1) Voici, à titre documentaire, un extrait de sa déclaration à la Direction des Contributions indirectes :

« La soussigné déclare que ses charges se composent de :

« Un fils âgé de 22 ans, sous-lieutenant du génie à l'école d'application de Fontainebelau qui, jusqu'au grade de capitaine, pourra seulement se suffire à lui-même et dont le père est mort en 1885, ambassadeur au Chili, sans laisser aucune fortune.

« Tous mes ascendants sont morts : mon père en 1849 à Saint-Pierre-la-Cour (Mayenne), ma mère en 1876 (le 10 juin) à Paris, 15 rue Berzélius.

« Mon père m'avait laissé une petite propriété hypothéquée que j'ai vendue après sa mort et dont il m'est resté 7000 francs liquides, depuis longtemps dépensés.

« Ma mère ne m'a laissé que le vieux mobilier de la communauté.

« Non mariée civilement, veuve de fait, après vingt ans d'union libre, le divorce n'existant pas, le père de mon fils, pros-

Une image fidèle de sa détresse à l'époque
nous est fournie par une de ses lettres à M. de
Pompéry où elle se plaint de n'avoir point de
chaire officielle, parce que femme ; « d'être un
tirailleur volontaire et honoraire de la science »,
obligé d'enfouir ses meilleurs mémoires dans
des bulletins de congrès ou de sociétés où nul ne
va les chercher : « De sorte qu'après trente ans
d'un travail acharné, après avoir produit plus de
vérités que tous mes confrères officiels des
hautes études, je me trouve oubliée des vieux et
inconnue des jeunes ». Elle détaille ainsi à son
ami ses « très gros sujets de tristesse » au nombre desquels il lui fallait compter celui d'avoir
encore une dizaine de volumes inédits... Enfin,
elle se prend à regretter d'avoir laissé l'éditeur
de son livre initial accoler à son nom le diminutif de *mademoiselle*, lequel aura été toute sa
vie sa « tunique de Nessus ».

Réduite à l'isolement par la mort ou l'éloi-
gnement des siens, ne trouvant plus à vivre de
sa parole ou de sa plume, laquelle ne produisait
plus guère que des travaux scientifiques publiés
dans des bulletins de sociétés savantes qui ne
rétribuent point leurs collaborateurs, ou dans
quelques revues françaises ou étrangères, comme
la *Revue scientifique*, la *Revue britannique*, sans

---

crit de l'empire pendant 18 ans, n'a laissé à sa mort que des
dettes, et pendant sa vie, le produit de mes travaux a contribué
à l'entretien de la famille, quand les appointements de son
chef naturel étaient saisis pour dettes contractées en exil.

A Paris, 2 ter, boulevard Jourdan, le 8 septembre 1888.

Signé : Clémence ROYER.

parler de correspondances, toujours aléatoires, de journaux étrangers, n'ayant eu enfin jusqu'alors que deux mémoires récompensés parmi les nombreux mémoires de concours déposés par elle au secrétariat de l'Institut, Clémence Royer, abandonnée de tous, vivait alors dans une misère noire, et dans le noir de l'inconnu !...

C'est alors qu'une jeune femme féministe, éprise de science, ayant lu ses livres, et ayant appris le martyre de l'illustre sexagénaire, manifesta à Mme Schmall, par l'entremise d'une amie, son désir de la connaître sans plus tarder. A cette jeune femme, écrivain de talent, qui n'était autre que Mme Mary Léopold-Lacour, Clémence Royer donnera rendez-vous par lettre, lui annonçant l'envoi de son ouvrage : *le Bien et la loi morale*, en regrettant de ne pouvoir y joindre la série de ses mémoires, pour la plupart épuisés : « Tous ensemble, écrit-elle, feraient plusieurs volumes ». La lettre, datée du 28 novembre 1890, porte cette indication : 2 *ter* boulevard Jourdan. Comme la lettre précitée, elle fut écrite en réalité au 2 *quater*, l'avant-dernier domicile de la philosophe, sis au coin de la rue Gazan et du parc Montsouris, la con-, cierge étant au 2 *ter*. Dans cet « ermitage montsouricien », la visiteuse trouve une petite vieille, déjà ratatinée, qui se montre fort heureuse de la recevoir. Clémence Royer était sauvée. Elle était sortie de la misère noire, de l'ombre effroyable où elle se trouvait plongée.

Mais déjà M. Léopold-Lacour n'avait pas attendu de voir « la solitaire de Montsouris »

pour parler d'elle dans un de ses articles. Il y
eut alors échange de visites entre Clémence
Royer et ses nouveaux amis jusqu'au jour où
une vacance se présenta parmi la centaine de
pensionnaires valides qu'accepte la Maison Galignani.

XX

LE « PENSOIR »

A la veille d'entrer comme pensionnaire à la maison de retraite de Neuilly-sur-Seine, Clémence Royer se montrera très troublée par cette perspective d'un complet changement d'existence, ne sachant au juste si elle doit s'en réjouir ou s'en affliger : « Après avoir vécu longtemps trop seule, — écrira-t-elle à ses sauveurs en janvier 1891, — je vais me trouver en tête à tête avec une foule d'inconnues et cela m'effraie un peu ». Elle continue d'ailleurs à se plaindre de n'être pas gâtée par les encouragements : « Ma vie de lutte a été rude, dira-t-elle. J'ai semé les idées à pleines mains et peu de gens ont daigné s'en apercevoir ». Elle rappelle que la liste est déjà longue du martyrologe féminin. Il n'y a pas eu seulement que des femmes qui ont réussi : « J'en sais trois, qui ont été mes contemporaines, et qui sont mortes à la peine (1) ».

La philosophe va s'installer à la maison Galignani dans les derniers jours de février 1891. La chambre qui lui échoit était réellement bien mal située ! Elle était sise au rez-de-chaussée, exposée directement à l'est et au nord-est,

____

(1) *Lettre à Mme Léopold-Lacour*, 11 janvier 1891.

et ne recevait guère de soleil que vers onze
heures. C'était néanmoins une belle chambre,
haute de plafond et très éclairée. Sa nouvelle
amie s'occupa du déménagement. Sa présence
à Montsouris était d'autant plus opportune
que Clémence Royer avait à se plaindre d'un
concierge voleur, d'un propriétaire tracassier
et de voisins sans aménité. Le règlement de
Galignani interdisant la reprise par les héritiers
du pensionnaire des meubles meublants, effets
personnels, bijoux et deniers comptants, il
lui fallait absolument louer hors de l'asile une
autre résidence où loger ses « monceaux de
papiers » et son « capharnaum de meubles ».
La philosophe avait d'abord songé à garder son
logement du boulevard Jourdan, rien de con-
venable et rien d'aussi bon marché ne se présentant pour elle à Neuilly. Dans le cours de l'été,
elle trouvera néanmoins dans Levallois, 58 rue
de Villiers, à cinq minutes de l'asile, et presque
en face, un minuscule pavillon, comprenant
deux pièces, où seront placés sa bibliothèque,
ses meubles, ses tableaux.

Peu après son entrée à Galignani, la philosophe écrira simultanément à Berthelot, secrétaire perpétuel de l'Académie des Sciences et à
de Quatrefages, secrétaire de la Commission
du prix Jean Reynaud. Résumant ses principaux titres scientifiques, elle revendique à
nouveau ce prix, destiné à récompenser des
œuvres originales, des idées nouvelles ayant une
portée philosophique, en faisant remarquer que
nul plus qu'elle n'a contribué à renouveler la

Philosophie naturelle en France : « En me
mettant sur les rangs, après trente ans de travaux originaux et de recherches personnelles
indépendantes, je crois réclamer, non pas une
faveur, mais une justice ».

Justice, cette fois encore, ne lui fut point
rendue. La réponse brève et évasive de Berthelot, qui paraît vouloir renvoyer la savante
devant l'aréopage de l'Académie des Sciences
morales et se borne à regretter son entrée à la
Maison Galignani, « après toute une vie dévouée
à la science », ne la satisfait aucunement. Un
second plaidoyer de Clémence Royer à Berthelot lui laisse entendre que l'échec qu'elle prévoit
doit tenir à ce fait qu'elle a mérité le prix à
plusieurs titres et non à un seul. « Le spécia-
lisme est en train de tuer la science, écrit-elle,
parce que chaque série de phénomènes ne trouve
son explication que dans les phénomènes d'à
côté, comme l'a reconnu M. Cornu naguère.
Et si je m'étais spécialisée par le professorat,
je n'aurais fait aucune découverte parce que
je n'aurais vu les choses que d'un côté ». Elle
souligne cette vérité que l'argent de ce prix
lui servirait à continuer ses travaux et à les
publier et termine par ces lignes à l'adresse de
l'Académie : « Quand toutes les idées que j'ai
jetées dans la circulation auront triomphé, on
s'étonnera que j'aie frappé à sa porte et qu'elle
ne m'ait pas ouvert ».

Cependant, inlassablement, M. Léopold-Lacour continuait à parler de Clémence Royer à
tous propos dans la grande presse, notamment

dans le *Gil Blas* et l'*Evénement* où il collaborait.
En février 1892, elle le remercie de certain petit
mot qui fit grand tapage à Galignani parmi les
dévotes de l'asile qui, dès son arrivée, avaient
dénoncé la philosophe comme « la celle » qui
prétend que l'homme vient du singe par la voie
de génération la plus directe... A cette époque,
Clémence Royer emploie à nouveau, pour sa
correspondance, du papier à lettres portant au-
dessous de son chiffre, cette fière devise : « Je
prends mon droit ». — « Je ne me laisserai jamais
mettre en bouteille   dira-t-elle un jour,
je ferais sauter le bouchon. » Exemple unique
d'émancipation intellectuelle, elle estimait dignes
de servir tous ceux qui servent, et dignes de
la liberté tous ceux qui savent la conquérir.

Si parfois encore Clémence Royer continue à
se plaindre d'être une vaincue, si elle se laisse
aller à croire qu'on ne lui rendra qu'une justice
posthume, diminuant par là sa force et rompant
en miettes la grande unité de l'œuvre philosophique qu'elle poursuivait, il n'en est pas moins
vrai que l'année scolaire 1891-1892 marque
pour elle une nouvelle phase de labeur acharné
et fécond : « J'ai trouvé une nouvelle veine dans
la mine que j'exploite et je pioche ferme pour
en tirer l'or qu'elle contient », écrit-elle à M. Lacour le 16 octobre 1891. « Bientôt, j'aurai sous la
main une théorie chimique complète qui ne
laissera plus d'inconnue dans ce qu'on nomme
l'*inconnaissable* ». Quelques semaines après, elle
avoue à Madame Lacour être abrutie, hypno-
tisée par son travail : « Je suis dans une veine de

calculs et je le suis avec passion parce qu'elle
me donne des résultats superbes » (1). Et ce
post-scriptum, écrit trois semaines plus tard :
« Je travaille avec rage parce que je travaille
avec succès et j'accumule les découvertes dans
mon coin » (2). Cependant l'été suivant, la philosophe, à nouveau lasse et découragée, se deman-
dera à quoi bon écrire, si ce qu'elle écrit doit
rester non publié. Retombée dans cette existence
monotone et grise de l'asile, dans cette ambiance
de décrépitude au sein de laquelle elle se sent
vieillir, elle décide de se remettre au travail
pour s'abstraire d'un entourage qui l'opprime et
l'humilie : « Dès que je travaille, je ne le sens
plus » avoue-t-elle. « Mais c'est triste de travailler pour rien, sachant d'avance qu'on ne sera
pas même lu et qu'on aura tourné sa meule à
vide. Depuis longtemps, je me sens une cin-
quantième Danaïde s'efforçant de remplir un
tonneau percé ».

L'Académie des Sciences morales et politiques ayant mis au concours la question de
l'histoire des doctrines atomiques, Clémence
Royer entreprend de rédiger un mémoire sur
la question, sans d'ailleurs s'illusionner sur le
succès de son effort. Ce volumineux mémoire
de plus de mille pages, resté inédit, lui deman-
dera quatre mois de travail pour ainsi dire inin-
terrompu. Elle en rédigera au galop les pages
finales la veille du Jour de l'An. Elle y montre que

---

(1) *Lettre à Mme Léopold-Lacour*, 29 janvier 1891.
(2) *Lettre à Mme Léopold-Lacour*, 21 février 1891.

les atomistes de tous les temps, d'Anaxagore à Faraday, se sont partagés entre l'hypothèse de la fluidité dynamique des éléments substantiels, et celle de leur solidité mécanique. Elle consacre une notable partie de son travail aux Ioniens et à Démocrite d'Abdère, considéré par elle comme le plus grand philosophe de l'antiquité : « Il a dû tenir à bien peu, conclut-elle, que Démocrite, un peu mieux instruit des doctrines de Thalès et d'Anaximène, ne conçut d'emblée et de prime abord son atome, non seulement comme substance pensante et sensible, mais aussi et surtout comme force agissante, comme centre de force motrice rayonnante et répulsive. Ce seul concept, qui peut être fut resté incompris, méconnu, dédaigné des Anciens, comme l'a été son atome solide, arrivant par Gassendi entre les mains de Newton et de Leibnitz, ces deux grands esprits en eussent peut-être tiré cette vérité que Démocrite disait cachée au fond d'un puits et qui, jusqu'à présent, y est restée cachée sans que nul ose y descendre pour l'y découvrir ». Ce mémoire, franchement athée, où se trouve exposée sa théorie de la monade-atome, où Socrate, Platon, Aristote, Anaxagore, Leibnitz et même Newton, sont, chacun à son tour, passés au crible d'une critique sévère, fut envoyé par la philosophe au concours pour le prix Cousin en guise de réponse aux bruits de sa candidature à l'Académie, posée à son insu par *Le Temps*, ainsi qu'à la réponse de Jules Simon à la question de savoir si la porte de l'Institut est ouverte ou fer-

mée aux femmes. Jules Simon répondit en fin
diplomate : « Elle est plutôt fermée ». Clémence
Royer prit le mot pour elle. Dans son premier
testament, la philosophe indique ce mémoire
sur l'atomisme comme étant le premier à publier
de ses manuscrits inédits.

En septembre 1892, la philosophe annonce
à ses amis qu'elle vient de trouver la cause de
la chaleur anormale de l'été dans la distribu-
tion des planètes qui, par un rare concours de
circonstances, se trouvèrent pendant plusieurs
mois du même côté du Soleil, lequel, attiré par
leurs forces additionnées, se serait ainsi légèrement rapproché de nous. A cette loi régissant
le cycle des variations météorologiques qu'elle
venait d'appréhender, la philosophe consacre
une étude dans laquelle elle montre que, contrairement à une croyance des astronomes, l'immobilité du Soleil au foyer commun des ellipses
planétaires n'est que relative, qu'il se déplace
constamment autour de ce centre idéal. Par voie
de conséquence, elle découvre la loi de variation
séculaire des climats. Dans dix millénaires, le
périhélie coïncidant avec notre solstice d'été,
notre hémisphère austral aura sa saison séculaire la plus froide.

L'année suivante, au cours de l'été, Clémence
Royer publie une critique irréfutable et définitive de la cosmogonie laplacienne, dont elle
démontre les multiples impossibilités. Elle y
émet l'opinion que l'hypothèse de Faye, qui
n'est qu'un avatar de celle de Laplace, rappelle
la casuistique d'un avocat en faveur d'une

cause perdue d'avance. Elle y fait remarquer
en conclusion que le terme de *nébuleuse*, au lieu
de s'appliquer à une nébulosité lumineuse par
elle-même, serait beaucoup mieux approprié
pour désigner un astre très gros entouré d'une
épaisse couche de vapeurs translucides, qui lui
donnerait l'aspect, vu aux distances stellaires,
d'une lampe à arc voilée d'un verre dépoli.
Tel serait le cas des nébuleuses planétaires
observées par William Herschell. Si elles paraissent isolées dans le ciel, c'est qu'étant des astres
très gros et très chauds, leur sphère d'influence
attractive s'étend très loin ; elles ont ainsi fait
le vide autour d'elles et incorporé à leur masse
les corps plus petits et plus froids rencontrés
dans leur sillage.

Vers cette époque, Clémence Royer rédige un
résumé, en 52 pages, de sa théorie atomique,
resté inédit en France. « Je veux consacrer le
reste de ma vie à achever mon œuvre, — dira-t-
elle, — et j'ai accepté une place à la maison
Galignani pour y travailler en repos. J'espère
léguer aux générations futures une législation
complète des faits physiques et chimiques qui
ne laissera plus de place, ni aux doutes ou aux
négations des sceptiques, ni aux rêveries creuses
des métaphysiciens de la vieille école. Ce sera
une réponse écrasante à ceux qui prétendent
la constitution intime des corps inconnaissable ».
Au cours de l'année 1894, Clémence Royer
continuera à travailler « comme une enragée »
à sa physique. Elle préparera pour le concours
Hogdkins, pour être adressé à la Smithsonian

Institution à Washington, un mémoire volumineux sur la dynamique des atomes dont une partie constitue la première rédaction de diverses parties de *la Constitution du Monde* et dont l'autre partie, consacrée à l'atmosphère terrestre, reste inédite.

Dernier portrait de RENÉ DUPRAT.

(Cliché Nadar).

XXI

L'APOTHÉOSE

En attendant les résultats de son long effort
pour décrocher le prix des Américains, effort
qui l'avait bien fatiguée, et qui devait lui cau-
ser une déception de plus, Clémence Royer
vivait bien triste dans son asile, péniblement
affectée par le détraquement universel des esprits
qui lui faisait craindre toutes les catastrophes,
« avec une reculade générale des idées ». Dans
l'histoire des premiers siècles du christianisme,
par Victor Arnould, il lui semblait lire par anti-
cipation celle des générations montantes. « En
sortira-t-il encore un millénaire de barbarie »
se demandait-elle ? (1).

Au début de mars 1895, M. Armand Dayot,
alors président de l'*Association des Bretons de
Paris*, reçoit de la philosophe une lettre où elle
lui exprime son désir de figurer parmi les convives au prochain diner de Bretons. En présence
de l'exclusion impitoyable dont se trouvait
frappé l'élément féminin dans les réunions de
la jeune société, M. Dayot tournera élégamment
la difficulté en offrant à son illustre compatriote
la présidence d'honneur du banquet. Telle fut

____

(1) *Lettre à Mme Léopold-Lacour*, 16 janvier 1895.

l'origine de l'admirable discours, « vrai chef-
d'œuvre d'éloquence rationnelle », qu'elle prononça le 3 avril suivant, au dessert du banquet
des « Bretons de Paris », « s'interrompant de
temps à autre pour porter à ses lèvres sa tasse
de café, ou pour rallumer sa cigarette éteinte,
pendant le développement d'une période... » Le
lendemain du banquet paraissait dans le *Figaro*
un « instantané » anonyme, dans le style de
M. Léopold-Lacour, en conclusion duquel était
faite la remarque que nul ne sera surpris que
l'auteur de tant de travaux supérieurs ne soit
pas encore décoré. A sa suite, dans le même journal, Jules Huret lui consacrera quelques lignes
des plus bienveillantes.

Le 10 mai 1895, à la maison Galignani, la
philosophe arrête les termes de son premier
testament, empreint d'un noir pessimisme, dans
lequel elle se laisse aller à déplorer « d'être née
à une époque de décadence intellectuelle, dans
un vieux monde saisi de démence sénile ». En
bonne fille d'Armor, dont l'ami est mort en
mer, elle y exprime le désir d'être inhumée
dans le sable d'une grève marine à la limite des
plus basses eaux. Elle souhaite ardemment avoir
en son fils le continuateur de ses travaux :
« Seul, dira-t-elle, il connaît assez ma pensée
pour achever de la formuler... »

En juin 1895, paraît dans la *Société Nouvelle*
de Bruxelles son magistral article : l'*Inconnaissable*, lequel, retouché et rallongé, servira de
préface à *la Constitution du Monde*, dans la dernière année du siècle. C'est une réponse, appelée

à devenir classique, aux détracteurs de la science dans laquelle la philosophe salue la genèse d'une science mondiale : « Cette magnifique unité mentale qui a été l'idéal de toutes les orthodoxies, mais qu'elles n'ont jamais pu réaliser, s'est établie d'elle-même en vertu de l'identi des lois qui régissent le monde physique. Elle s'est établie sans violence ni coercition, sans conciles ni papes, par l'adhésion libre des esprits convaincus par l'évidence des choses ».

Quelques semaines plus tard, la revue hebdomadaire illustrée d'Émile Gautier : *la Science Française*, s'assurait la collaboration de Clémence Royer qu'elle présentait à ses lecteurs comme « l'un des esprits les plus vigoureux, les plus virils et les plus originaux de la seconde moitié de ce siècle ». Cependant que M. Léopold-Lacour continue à rêver de voir son amie obtenir la croix, ce qui la laisse fort sceptique. Le 14 décembre 1895, MM. Léopold-Lacour et Armand Dayot iront rue de Grenelle présenter au ministre une pétition portant les signatures de Zola, Claretie, Théodore Ribot, Aulard, etc. à laquelle ils avaient ajouté leurs noms. Ils ne peuvent voir le ministre (alors Combes), ni même son secrétaire particulier. Sur demande écrite, Émile Levasseur, de l'Institut, et le poète Sully-Prudhomme, enverront leur adhésion à la pétition. Néanmoins, le 1er janvier 1896, jour des promotions, Clémence Royer n'était pas décorée. La philosophe apprit l'échec avec un beau calme : « Ils me tiendraient plus compte d'avoir écrit des contes que d'avoir commenté Darwin et réhabilité notre Lamarck », répondit-elle.

Depuis près d'un mois cependant, un événement imprévu avait laissé la grande penseuse encore plus isolée que jamais, le départ pour Madagascar de son fils René, embarqué sur le *Yang-Tsé*, en compagnie du nouveau résident général, M. Hippolyte Laroche... Cela lui fournira bientôt la matière d'un beau sujet à traiter dans la *Science Française*. Dans une étude sur *la propriété foncière à Madagascar*, Clémence Royer émet le vœu que soit respectée par nous cette loi du code hova, promulguée sous l'influence des méthodistes anglais, interdisant l'aliénation personnelle du sol de l'île, déclaré en totalité propriété de la Reine : « Madagascar est un pays neuf et qui a échappé à l'influence romaine, — écrit-elle, — n'y introduisons pas la plaie dont toute l'Europe latinisée est en train de mourir » (1).

Un jour à la maison Galignani, Clémence Royer trouve sous la main l'*Histoire de France* de Michelet qu'elle n'avait pas encore lue et qui fut pour elle une révélation, en détournant son esprit des préoccupations que lui causait l'odyssée de son fils, alors sur le chemin du retour après un séjour de huit mois dans l'île Malgache : « Jamais livre n'a fait sur moi une impression si profonde, — écrit-elle —. Ce livre, c'est la bible de la France, qui seule peut lui rendre une âme, une unité morale, une conscience, une

____

(1) *La Société française*, 24 janvier 1896.

foi. Si j'avais encore quelque activité, je la consacrerais à fonder une *Société pour la propagation de l'Histoire nationale*, qui se donnerait pour but de répandre l'histoire de Michelet à des millions d'exemplaires, comme les Anglais répandent la Bible, sous tous les formats, à tous les prix et surtout gratuitement. Pour commencer, elle devrait être envoyée à tous les instituteurs des 33.000 communes de France. Tout citoyen devrait l'avoir lue au moins une fois ; chaque famille devrait en lire le soir un chapitre comme les protestants lisent leur bible.

« Alors nous aurions peut-être une nation qui, pouvant comparer l'état actuel des choses à ce qu'il était dans le passé, cesserait de se plaindre du temps présent et de nourrir pour l'avenir les rêves insensés qui la hantent, et les folles illusions dont on berne les pauvres esprits contemporains. Peut-être en voyant la lenteur du progrès social, le peu de chemin parcouru en 20 siècles, comprendrait-on que l'évolution sociale ne se fait point brusquement, par à-coups et que toutes les crises violentes sont suivies de réactions qui font reculer finalement au lieu d'avancer. On comprendrait mieux quels sont les vrais obstacles au bien ou du moins au mieux public ; on reconnaîtrait enfin que le premier de tous à détruire, c'est cette puissante hiérarchie théocratique qui, depuis 15 siècles, écrase l'Europe, la tient asservie, et qui, pareille à l'hydre antique, semble toujours renaître quand on la croit morte et pousser des têtes nouvelles. Tant que la France ne l'aura pas vaincue, rien à faire, rien à tenter, et toutes les femmes qui la font vivre, qui tant de fois déjà l'ont ressuscitée, peuvent la détruire par leur abandon. Délivrer les femmes de l'Église, voilà toute l'œuvre des femmes pour le moment, c'est-à-dire qu'il faut qu'elles se guérissent elles-mêmes de leur monomanie religieuse. Eh bien, c'est pour cela qu'il faut qu'elles lisent Michelet, qu'elles le lisent toutes, qu'elles le sachent par cœur, comme le nouvel évangile...

« Ce ne sont pas les femmes seulement qui ont besoin de connaître l'histoire, mais ce sont aussi les hommes, les électeurs, les élus, tous aussi incompétents les uns que les autres, qui tous répètent le catéchisme du *Contrat Social*, sans être capables d'en démêler les erreurs profondes, si néfastes, et dont l'influence nous perdra. Ce n'est pas Rousseau qui doit nous guider en politique, c'est Diderot, c'est Voltaire, et je voudrais que la société que je rêve, avec l'histoire de Michelet, répandit à millions d'exemplaires l'*Essai sur les mœurs*. Seulement quand tout Français ou Française aura été nourri de ces sains aliments de l'esprit, nous pourrons espérer une politique rationnelle, et toutes les réformes sociales possibles avec quelque espoir de les réaliser.

« L'histoire, c'est l'expérience des nations et l'école des citoyens ; qui l'ignore n'est qu'un enfant au berceau qu'il faut mener en lisière » (1).

« La France a trop de livres qu'elle ne lit pas,

____

(1) *Lettre à Mme Marie Léopold-Lacour*, 7 juillet 1896.

dira encore la philosophe, il lui en faudrait un
que tout le monde lût ; et ce livre c'est sa propre
histoire, écrite par un homme qui a su la rendre
vivante ; qui, prenant les faits pour connus,
en montre les causes, à l'état naissant, dans les
alcôves royales, et dans les congrégations ecclé-
siastiques qui, depuis 2000 ans, mènent l'Europe pour sa domination. C'est parce que cette
lecture peut mieux que toute autre, nous débar-
rasser de l'Église, cet ennemi perpétuel, qu'il
faudrait, par tous les moyens, la généraliser.
Seulement quand la France saura son histoire,
elle aura retrouvé une âme collective, une unité
de conscience ».

Depuis quelque temps, la philosophe cher-
chait le moyen de faire éditer son grand ouvrage,
alors achevé. La première partie, celle qui traite
des faits-principes de l'ordre cosmique, étant
la partie capitale, elle eût accepté de la voir
éditer seule, afin d'éviter de trop grands débours.
Au cours des années 1895 et 1896, elle fera passer
un certain nombre de pages de l'introduction
et de la première partie de son ouvrage à paraître dans *la Société Nouvelle* de Bruxelles (1),
qui les publiera en fort beaux tirés à part. A la
veille du banquet triomphal au Grand-Hôtel,
la philosophe en fera l'envoi aux membres du
Comité.

Organisé par les sauveurs de la savante, Mes-
dames Léopold-Lacour et Avril de Sainte-Croix,

____

(1) *Société Nouvelle*, septembre et octobre 1895, novembre 1896.

et par M. Armand Dayot, le banquet du 10 mars 1897, fête d'Apothéose, fête des yeux et des oreilles, à l'occasion de laquelle scientistes, philosophes, poètes, sociologues, féministes, journalistes, voire académiciens, apportèrent spontanément à la grande solitaire, enfin ressuscitée au nombre des vivants, un exceptionnel tribut d'hommages qui la troubla profondément, lui assura l'ouverture d'un crédit par une dame amie de M. Hippolyte Laroche. Dès lors allait devenir possible la publication, de son vivant, sous le titre : *La Constitution du Monde,* de la pile de manuscrits dont l'ensemble allait constituer son testament philosophique. A la date de cette « féerie triomphale », M. Armand Dayot songeait déjà à l'édition des œuvres complètes. D'autres admirateurs y pensaient également et le bruit courut un instant que certains « Comités de savants » se constituaient à l'étranger pour publier à leurs frais les ouvrages de l'illustre femme...

Clémence Royer qui, vers le milieu de l'année, manifesta à des amis son désir de gagner quelque argent, sera heureuse d'accepter la collaboration à *la Fronde* de Mme Marguerite Durand, qui lui sera offerte quelques mois après. « Me permettra-t-on un peu d'économie politique ? demande-t-elle, il y a un si pressant besoin de l'enseigner à notre génération de protectionnistes et de lui démontrer que toutes les lois de protection sont des lois de persécution ». Cette collaboration de la philosophe au grand journal féministe, qui la révéla au public des Boulevards,

est une chose étonnante sous tous rapports.
« Comment vous y prenez-vous pour écrire de
si beaux articles ? », lui demandait un jour une
amie. « Il me suffit de lire les journaux... », répondit-elle.

C'est encore dans *la Fronde* que parut, en
quatre feuilletons, au cours de l'année 1900, la
meilleure analyse connue de nous du grand
ouvrage de Clémence Royer, *la Constitution du
Monde*, sous la signature de Marguerite Souley-
Darqué, amie, disciple et co-héritière de la philosophe, morte il y a quelques années. Ce fut précisément ce substantiel compte-rendu biblio-
graphique qui, à l'époque, attira l'attention de
l'auteur du présent livre sur cette Bible de la
philosophie naturelle, livre prodigieux, qui,
dans ses 822 pages in-octavo, donne pour la
première fois à l'esprit humain la clef du mécanisme des phénomènes généraux : « Avoir reculé
jusqu'aux ultimes inconcevabilités les bornes
du connaissable, — conclut la commentatrice,
— est pour Clémence Royer une gloire impérissable ». Elle prévoit néanmoins que le triomphe
se fera attendre, mais qu'il viendra finalement,
comme viendra le triomphe d'Ormuzd : « Mais
un jour, par la force invaincue de la vérité,
par la justice inmanquable de la science, » cette
gloire à lente croissance montera soudain, « et
rayonnant d'un éclat qui ne s'éteindra plus,
pour la première fois dans le Panthéon de l'im--
mortalité, parmi les noms des plus grands savants et des puissants génies, elle éclairera le
nom d'une femme ». Fort peu de semaines après

cet éloge prophétique, l'initiative de Mme Marguerite Durand réussissait enfin à obtenir du président de la République, alors M. Émile Loubet, une décoration tard venue...

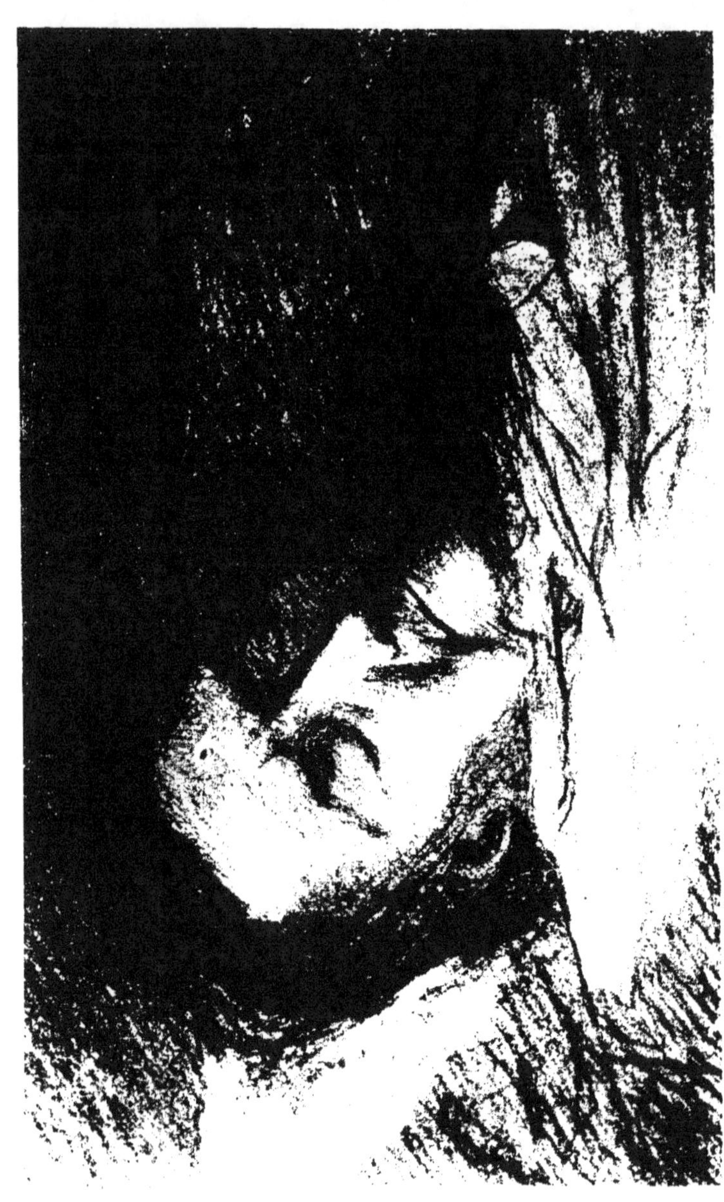

Clémence Royer sur son lit de mort (*dessin*) par *Angèle Delasalle*.

XXII

LE TEMPLE ENSEVELI

En conclusion de son admirable préface à
la Constitution du Monde, Clémence Royer émet
l'espoir que les idées exposées dans son grand
ouvrage trouveront parmi les jeunes générations, affranchies des habitudes d'esprit tra-
ditionnelles, contractées dans les écoles, un
terrain favorable à leur germination et qu'ainsi,
par leur entremise, son livre aura travaillé au
rapide avancement de la science.

En vérité, dans les dernières années de sa
vie, la « cénobite », comme elle se plaisait alors
à se qualifier, saisira toutes occasions de faire
des adeptes, se réjouissant lorsqu'un rare visi-
teur viendra rompre la monotonie de sa vie de
couvent, le mettant à l'aise avec cette affabilité
souriante dont ceux qui l'approchèrent alors
ont gardé le souvenir ému. Dans une lettre à
Fernando Tarrida, en date du 12 février 1901,
Clémence Royer se montre enchantée d'avoir
enfin trouvé en cet étranger, domicilié en Angleterre, cette terre des philosophes, le meilleur
critique de son livre, le plus compétent, le seul
qui, l'ayant lu avec intérêt, ait bien compris les théories y exposées et se soit montré
capable de les exposer à son tour au public.

« C'est un grand service que vous m'avez rendu, ajoute-t-elle, et pour lequel je vous suis extrêmement reconnaissante ». De son côté, la grande artiste Angèle Delasalle, l'auteur des deux portraits peints, nous a avoué son regret d'avoir si tard connu la philosophe qui, lui ayant offert plusieurs de ses tirés à part, lui avait proposé de l'initier à ses théories. Clémence Royer avoue un jour à une amie qu'elle aurait voulu être valide pour se rendre en Angleterre où elle pensait, non sans raison, trouver un terrain plus favorable qu'en France à la réception, à la diffusion de ses idées...

Devenue asthmatique à l'excès et impotente, la philosophe ressentait des étouffements, souffrant de crachements de sang, de saignements de nez à remplir une cuvette. Les sœurs de l'asile s'affolaient. Rien pourtant ne pouvait la décider à changer de régime. Elle se contentait de moins fumer, se mettait à la diète, n'ayant plus ni faim ni soif, mais ne faisant acheter de drogues chez le pharmacien que très rarement. Prisonnière tout l'hiver de l'atmosphère surchauffée d'un calorifère, Clémence Royer, devenue incapable de monter les escaliers, marchait en s'appuyant sur deux cannes, et ne sortait plus qu'accompagnée et en voiture. Au Congrès international du Droit des Femmes, dont elle partagea la présidence d'honneur avec Féresse-Deraismes et Léon Richer, et où, tel Voltaire traversant Paris en triomphateur, elle fut l'objet d'une ovation délirante, elle sortait précisément d'une crise d'asthme. Elle souffrait aussi d'un mauvais fonctionnement de l'intestin et l'on soupçonne que, depuis longtemps, elle avait également le rein malade. A la fin de 1899, une amie voulait l'emmener avec elle sur la Côte d'Azur. Clémence Royer recula devant un pareil voyage en pareille saison. A l'époque où son fils s'embarqua pour l'ultime voyage en Extrême-Orient, Mme O. Gevin-Cassal lui proposa de venir passer quelques semaines dans son *home* d'Issy-les-Moulineaux. La philosophe accepta, mais mourut avant d'avoir pu en profiter.

Clémence Royer qui, malgré certaines absences de mémoire sur des faits de détail, certains *lapsus calami* que l'on retrouve aujourd'hui dans des lettres ou des manuscrits écrits à la hâte et sans se relire, garda entière jusqu'à la minute suprême sa prodigieuse lucidité d'esprit, continua à écrire jusqu'au jour où elle s'alita, cinq ou six jours avant de mourir. Ayant pour habitude d'utiliser ses soirées à rédiger ses textes pour *la Fronde*, elle avait eu l'imprudence de veiller plus tard que de coutume, par une froide soirée de janvier, auprès de son feu éteint et de sa chaufferette vide, pour terminer la rédaction d'un texte qui s'annonçait bien. L'avant-veille de sa mort, la philosophe s'était levée, avait pris deux repas légers. Le hasard voulut qu'à l'heure même où son état s'aggravait, une rédactrice à *la Fronde* vint chercher de la copie que Clémence Royer n'avait pu finir. Par son entremise, elle fit avertir Mme Durand qu'elle se voyait dans la nécessité de prendre une ou deux semaines de repos. Il est possible qu'alors encore, elle ne se croyait pas aussi près de sa fin. Sur une carte de visite qu'elle adresse à Madame Delasalle, la philosophe alitée décommande la cinquième séance de pose pour l'exécution du portrait peint, en informant l'artiste qu'elle la préviendra « dès qu'il lui sera possible de se lever ». A son exécuteur testamentaire, elle adresse son dernier testament, ainsi qu'un projet de comité de publication, en lui faisant part des craintes qu'elle ressent au sujet de sa santé, lui demandant toutefois de ne pas s'alarmer sur son état dont elle s'exagère peut-être la gravité.

Madame Léopold-Lacour, un peu surprise de ne point trouver dans *la Fronde* la contribution habituelle de son amie, se rend à Galignani dans l'après-midi du 5. Depuis plusieurs heures, Clémence Royer se trouvait dans le coma. Madame Lacour s'asseoit dans la chambre, auprès de la mourante, serre la main de son amie qui, déjà, ne pouvait plus respirer. On lui avait passé un ballon d'oxygène qu'elle-même se plaçait dans la bouche. Vers six heures du soir, elle reconnut encore Madame Lacour. Elle prononça alors ces mots, d'une voix pâteuse, lentement articulée : « *pas sœurs* !... *pas sœurs* !... *pas convertie* !... *pas catholique* !... Sans doute lui avait-on voulu amener un prêtre. Restée très lucide, la philosophe regardait son amie avec des yeux très vivants, très intelligents, sans pouvoir parler bien distinctement. De temps à autre, Madame Lacour, qui espérait encore, lui passait son ballon.

Son amie lui parlait, mais la philosophe, trop
asphyxiée pour répondre, lui faisait des signes
et toutes deux se comprenaient. Pendant les
quelques heures passées avec la mourante, il
n'y eut pas de syncope, pas de défaillance.
Pourtant, Clémence Royer souffrait horriblement. Elle voulait parler, mais son amie ne
comprenait pas ce qu'elle disait. A un moment,
la religieuse de garde s'éloigna. Clémence Royer,
la désignant à son amie, laissa échapper ces
mots : « *Pas conversion* !... *Pas conversion* !...
Pas catholique ! » avec une insistance passionnée,
afin qu'on ne puisse dire qu'elle s'était convertie,
afin aussi que la religieuse ne puisse prétendre
qu'avant la venue de son amie, elle avait fait
retour à l'Église. La grande lutteuse resta admirable jusqu'au bout...

Se conformant au désir de la philosophe, Mme
Léopold-Lacour alla trouver le directeur de la
Maison Galignani pour prévenir toute velléité
d'amener un prêtre. Le directeur répondit
qu'il prenait bonne note de sa demande. Alors,
revenant auprès de la mourante : « *Avez-vous
besoin de quelque chose ?* » lui dit-elle : « *Ai besoin* » répondit Clémence Royer, puis, une ou
deux secondes après, rouvrant les yeux «... *quelque chose de bon...* ». Ce furent-là ses dernières
paroles. Pensant néanmoins, d'après les dires
des religieuses, qu'il n'y avait point de danger
imminent, Mme Lacour se retira. La famille
Colas et M. Laroche n'ayant été prévenus que
tardivement, Clémence Royer, restée seule avec
les religieuses, retomba dans sa somnolence. Que

se passa-t-il ensuite ? On ne le saura jamais exactement. La religieuse de garde s'en alla diner. Quand elle revint, Clémence Royer était morte. Elle était morte toute seule dans sa chambre. Quand Mme O. Gevin-Cassal y entra, elle remarqua un linge humide, une cuvette pleine d'eau sale, un ballon d'oxygène... Détail important ! Derrière la glace, le long du mur, Clémence Royer avait placé bien en évidence la liste des personnes à prévenir aux approches de sa mort. Or, cette liste, que le valet de chambre devait prendre pour faire le nécessaire, comme convenu, ne fut pas utilisée. Le personnel de la Maison Galignani ne prévint personne...

La Société d'Anthropologie de Paris qui, ayant reçu Clémence Royer comme membre titulaire (1870), sur la présentation de Lartet, de Quatrefages et Gavarret, puis comme membre honoraire (séance du 3 décembre 1885), s'était félicitée hautement d'une expérience de plus d'un quart de siècle, demanda à faire l'autopsie du prodigieux cerveau de sa sociétaire. Mais le testament était formel sur ce point. Fidèle à la tradition celtique, Clémence Royer demandait à être rendue à la terre en son intégralité. Elle permettait seulement que l'on prit pour son fils et pour ses amis quelques mèches de ses cheveux.

Le lendemain de la mort, Madame Delasalle revint à Galignani de grand matin, où seule en présence de la morte et très émue, elle exécuta l'admirable et saisissant dessin mortuaire qui illustre cet ouvrage. Sur le masque mortuaire, le visage, qui s'était un peu amaigri durant la courte maladie, paraît plus allongé que sur les portraits peints. Ce qui accentue le caractère viril du visage « c'est la disposition des cheveux tirés en arrière découvrant le front si plein »(1). Ce front duquel jaillirent les grandes lois qui régissent l'ordre du monde !...

Mme O. Gevin-Cassal était présente quand le commissaire de police de Neuilly vint faire procéder au moulage du visage et de la main. Lorsqu'on enleva le masque, la sueur coulait du visage de la morte. Une paupière étant soulevée, son amie constata que l'œil était clair, nullement vitreux. Elle ferma doucement la paupière et, avec de l'eau chaude, enleva toute trace de l'opération. Phénomène singulier : le corps de Clémence Royer était encore très tiède près de 48 heures après sa mort : « Je soutins le cou, me dit Mme O. Gevin-Cassal et enlevai la camisole. *La tiédeur persista trois jours après la mort. Je n'ai jamais vu pareille chose* ».

La directrice de *la Fronde*, Mme Marguerite Durand, qui figurait parmi les héritières, avait tenu à bien faire les choses. Elle avait acheté une énorme provision de petits bouquets de violettes, afin que chacun des nombreux assistants pût jeter son bouquet sur le cercueil. Le jeune fils de Madame Durand offrit des bouquets à toutes les personnes présentes. Sous la vaste rotonde de la Maison Galignani, le cercueil apparut jonché de ces fleurs aimées de la grande

---

(1) *Lettre de Mme O. Gevin-Cassal.*

Morte dont les atomes constituants repartaient pour l'éternel voyage à travers l'éternel changement...

Dans l'étroite allée médiane de l'ancien cimetière de Neuilly, des paroles d'adieu sont prononcées par plusieurs collègues et intimes amis de la philosophe. Le docteur Verneau, en termes émus, donne un excellent aperçu de l'œuvre anthropologique considérable et profondément originale que son illustre collègue laisse derrière elle. Hubert Desmons, vénérable du Grand Orient de France, salue en elle « un des plus puissants esprits de notre temps ». M. Henri Éon, délégué des *Bleus de Bretagne*, parle de « cette bonhomie malicieuse et pétillante » avec laquelle Clémence Royer donnait des conseils à l'œuvre républicaine dont elle était la co-présidente. Mme Marguerite Durand dépeint, non sans poésie, le fond réel du caractère de sa collaboratrice, tout différent de celui que lui attribuait la légende : « *Elle avait les gaités, les mièvreries, les enfantillages, aussi les coquetteries et les simplicités des femmes qui ne sont que femmes... et l'on s'étonnait de cela comme on s'étonne de voir aux anfractuosités des rocs s'épanouir des fleurs inattendues qu'un caprice des vents a semées là et qui mêlent une note élégante et fragile à l'austérité des granits.* » On raconte que, pendant tout le temps des discours, une abeille, attirée au-dehors par le clair soleil, ne cessa de butiner sur le tapis de violettes qui recouvrait le cercueil (1). L'imagination des poètes ne

____

(1) *La Fronde*, 10 février 1902.

pourrait-elle voir là un hommage dernier rendu par le peuple actif des mellifères à celle qui étudia si bien leur instinct social et cet instinct constructif qui, depuis des millénaires, les sollicite à bâtir en pleine cire les hexagones de leurs ruches, déjà réalisées dans les édifices moléculaires qu'elles peuvent avoir pris pour modèles !...

De même que le reliquat des objets entrés à la Maison Galignani, dont certaines pièces d'archives, d'après les termes du codicille, devaient revenir à la Société d'Anthropologie de Paris, qui ne les a jamais reçues, les précieuses reliques de famille placées dans le petit pavillon de Levallois que la philosophe avait aménagé pour son fils, en prévision de son retour en France, furent vendues aux enchères, ultérieurement, au profit de l'État, sans que les amis de la savante aient été avertis. Liquidation en tous points malheureuse !... Tout ce qui avait quelque valeur était conservé dans ce sanctuaire de la rue de Villiers. C'est ainsi que la question se pose aujourd'hui de savoir quel a été le sort du mémoire manuscrit : *l'Homme et ses religions*, présenté sans succès par Clémence Royer au concours ouvert sur la liberté de conscience et qui devait constituer la partie principale du onzième volume de ses œuvres complètes...

L'auteur du présent ouvrage se souvient fort bien s'être trouvé parfaitement tranquillisé sur le sort de ces pièces d'archives, qui seraient si utiles pour servir à l'histoire de la philosophie française, lorsque, au lendemain du décès, il trouva dans la *Fronde* une imposante liste de trente co-héritiers, parmi lesquels figuraient, à côté d'amis personnels de la défunte, plusieurs anthropologistes, un membre de l'Académie des Sciences, un de l'Académie des Sciences morales, un ingénieur des Ponts et chaussées, cinq féministes, trois publicistes et diverses personnalités politiques. En outre, les discours mortuaires devaient nous donner l'illusion que tout se passerait régulièrement : « Elle nous laisse des manuscrits que de fidèles amis livreront pieusement à la publicité », avait dit le docteur Verneau. Parlant au nom de la loge mixte «le Droit Humain », dont Clémence Royer était alors « vénérable d'honneur », Madame Georges Martin avait exprimé l'espoir que rien ne serait perdu de ce qu'avait produit ce puissant cerveau féminin et que,« réunissant les matériaux qui sont à l'état de manuscrits », on les publierait « pour servir à l'instruction des générations nouvelles ».

Un jour, alors qu'un pesant linceul d'oubli recouvrait l'œuvre sublime, une amie intime de la philosophe s'avisa de proposer à M. Laroche la formation d'un comité nouveau chargé de recueillir les fonds d'une souscription nationale pour l'édition des manuscrits. M. Laroche répondit que rien ne pressait. Une enquête personnelle nous permet de croire que les manuscrits et papiers de la savante furent offerts à la Bibliothèque Nationale par l'exécuteur testamentaire, conformément au vœu qu'avait exprimé son amie, mais que l'administrateur

Léopold Delisle les refusa pour un motif inconnu. Notre hypothèse provisoire est qu'en présence de ce refus, et étant donné que le Comité de publication, demeuré embryonnaire, n'avait jamais pu fonctionner, les pièces d'archives furent cédées à des bouquinistes-brocanteurs qui en écoulèrent une partie et, sur la foi de renseignements faux, détruisirent ce qu'ils ne vendirent pas sans même regarder ce qu'ils détruisaient...

Ce malheur sans doute ne se serait pas produit si le fils de la philosophe, René Duprat-Royer n'était point mort à la fleur de l'âge, à l'hopital d'Hanoï (Tonkin), l'année même où mourait sa mère, et un peu plus de neuf mois après elle, d'un cancer au foie contracté au cours des fouilles effectuées sous sa direction pour la construction de la voie ferrée du Yunnan, mais dont il semble avoir eu déjà le germe avant son dernier départ pour l'Extrème Orient : « Je suis malade, disait-il alors, j'ai hâte d'en avoir fini ».

René Duprat, qui venait de passer un semestre entier en France, aurait pu se faire obtenir une prolongation à la demande d'une amie de sa mère qui, l'ayant senti très triste de partir, avait, elle aussi, comme le pressentiment qu'il ne reviendrait pas. D'ailleurs, René disait lui-même qu'il lui aurait fallu au moins une année de repos pour se remettre. « Je ne sais si c'est parce que je suis malade, disait-il, ou si c'est parce que j'ai comme un pressentiment pénible au sujet de ma mère, mais je ne m'en vais pas le cœur gai cette fois-ci ». Mme O. Gevin-Cassal l'engagea à se faire accorder trois mois de congé supplémentaire. Mais il n'y fallait point songer. M. Doumer lui avait écrit qu'une révolte d'indigènes avait éclaté au Yunnan. Les travaux en cours d'exécution constituant à leurs yeux une profanation du culte des Ancêtres, les indigènes s'étaient soulevés et avaient détruit en partie la voie ferrée. Aussi le Gouverneur général réclama d'urgence René Duprat. On raconte que le fils de Clémence Royer, de retour au Yunnan, prit la pioche en mains pour éventrer la terre pestilentielle de la région et y découvrir des pagodes. Il mourut au moment des fêtes officielles célébrées à l'occasion de l'exposition d'Hanoï. M. Paul Doumer apprit sa mort avec un profond regret quelque temps après son retour en France. « Le capitaine Duprat, nous écrivait-il en 1920, m'a fait l'impression d'un homme de grande valeur, d'une intelligence remarquable qui réussissait parfaitement dans la tâche difficile de conquérir les mandarins et le peuple chinois à l'établissement sur leur territoire d'un des plus puissants instruments de la civilisation européenne ».

Le temps fit son œuvre... Les trois principaux co-héritiers : le docteur Charles Letourneau, M. Albert Colas et M. Hippolyte Laroche, moururent à leur tour, emportant dans la tombe maints détails intéressants pour la rédaction d'une biographie de la philosophe. Enregistrons également la mort d'Émile Levasseur, de l'Institut ; celle du professeur Marey, de l'Institut et de l'École d'Anthropologie ; celle du sénateur Paul Guieysse ; celle d'Hubert Desmons ; celle

de Léon de Rosny; celle, enfin, de Madame Sou-
ley-Darqué qui nous prive d'un concours sans
doute fort précieux.

Il est juste d'ajouter que Clémence Royer,
malgré les périodes obscures que traversa sa
renommée posthume, ne disparut jamais totalement du souvenir de ses amis d'autrefois. Sans
parler de quelques occasions trop rares où certains anthropologistes français ont incidemment
rappelé son nom ou ses travaux au cours de
leurs leçons; sans parler de l'érection, en septembre 1912, par les soins des libres-penseurs
lausannois, d'une plaque commémorative du
passage de la savante à Praz-Perey, rappelons
que Clémence Royer rencontra, en Angleterre,
à la fin de sa vie, un partisan enthousiaste de sa
cosmologie dans le professeur Tarrida, qui admit
sa géniale hypothèse de la formation catastro-
phique des satellites, avec sa conception des
nébuleuses considérées comme stade ultime
des mondes, qui semble être un retournement
complet de l'hypothèse laplacienne. Rappelons
enfin notre apostolat personnel, poursuivi à nos
frais depuis trois lustres, en France et dans les
deux Amériques, en Belgique, en Suisse, en
Espagne et en Angleterre, par la parole et dans
la presse, et que nous sommes actuellement en
mesure d'élargir en un Cours libre de Synthèse
royérienne dans les écoles ou sociétés d'enseignement supérieur qui nous en feront la demande. Puisse notre apostolat, auquel nous
avons sacrifié un modeste héritage et les meilleures années de notre existence, contribuer **en**

quelque mesure à faire réparer par nos contemporains, à l'égard de la plus vraie, et partant,
de la plus belle des philosophies, comme du plus
génial des philosophes, une injustice au moins
aussi criante que celle qui fut commise par les
contemporains de Copernic à l'égard de son
Système du monde, repris et vérifié par Képler,
trois quarts de siècle après l'apparition tardive
et presque posthume de : *De revolutionibus
orbium cœlestium.*

Toutefois, il nous faut bien avouer, en terminant ce livre fatalement incomplet, malgré
sa longueur, que, quelque succès que doive
rencontrer auprès des élites et du grand public,
dans les deux mondes, une doctrine philosophique qui aura désormais surabondamment
fait ses preuves, et dont la science officielle, en
Amérique, a confirmé pleinement, dès le début
du siècle, le principe fondamental, et en admettant que certains des textes et papiers
divers égarés puissent se retrouver, ce que nous
avons quelques raisons d'espérer, notre enquête
persévérante et fructueuse aura établi, sans
conteste, que jamais il ne sera permis à un cerveau
humain de contempler à nouveau, en son intégralité, le panorama sublime de cette Synthèse
de la Science, tel qu'il se présenta à la fin de
sa carrière, devant l'esprit exceptionnel qui
formula les faits-principes régissant l'ordre du
monde. Ainsi se réalisera une fois de plus cet
apophtegme de Bacon : « *Le Temps, comme un
fleuve, entraine jusqu'à nous dans son cours tout*

ce qui est léger et gonflé ; il submerge tout ce qui
est consistant et solide ».

Un des ultimes autographes de CLÉMENCE ROYER
(Lettre à M. Albert Colas).

PENSÉES INÉDITES

Que le monde est mal fait, sans remède efficace,
hélas ! Résultante désordonnée de forces aveu-
gles, même les plus intelligents des êtres n'y
voient goutte devant eux et vont à l'aventure,
augmentant leurs maux, quand ils croient les
guérir.

La cruelle nature inflige à l'homme des sup-
plices qui feraient reculer la conscience des plus
impitoyables bourreaux. N'était-ce pas assez de
nous condamner à mort sans nous infliger les
tortures de l'agonie ?

Le dilettantisme en art vaut le pédantisme
en science. L'un et l'autre font reculer leur objet
au lieu de le faire avancer. Il n'y a plus de génies
quand les Aristarques apparaissent. A force de
chercher des règles à l'art, on le tue, et pour vouloir faire autrement que bien, on fait pire.

L'homme est ainsi fait qu'il n'a jamais que le
choix entre plusieurs maux et que le plus souvent
il est, dans chaque cas particulier, dans l'impossibilité de savoir lequel est le moindre. Il n'est pas
d'année, pas de jour où chacun de nous ne prenne

ainsi le plus mauvais parti en croyant en conscience choisir le meilleur. Si j'avais créé l'homme, j'aurais commencé par lui donner la science de sa propre nature, la connaissance exacte et claire des lois qui le dirigent, comme individu et comme société. Au lieu de cela, il doit tout chercher, tout deviner et il semble que tous les moyens qu'il a de connaître ne sont que des moyens de mieux l'égarer. C'est triste, mais c'est ainsi : et c'est pourquoi il faut surtout se défier des foules : car ce qu'elles applaudissent le plus, en général, c'est ce qui est le plus faux.

Je vois avec douleur la jeunesse qui pousse, sous prétexte de nouveauté, retomber dans les vieilles ornières et proclamer « la faillite de la science », parce qu'elle ne peut leur assurer des billets pour un Paradis, mais en réalité pour se dispenser de l'étudier et échapper à la sévérité de ses méthodes autant qu'aux négations de ses conclusions. Mon œuvre ne sera donc point de leur goût. Elle ne flatte point les faux espoirs de l'imagination ou les aspirations du sentiment. Elle est toute de raison, de rapports de nombre et de mesure. Mais elle renferme comme conséquence toute une philosophie sociale qui met à néant toutes les utopies caressées par des réformateurs qui ne feront qu'augmenter la proportion de la misère en diminuant celle du bien-être.

Souvent les meilleurs d'entre les hommes sont toute leur vie dupes de drôlesses qui les séduisent pour les exploiter et les tromper. Si pour-

tant la justice devait régner quelque part, ce
serait dans l'amour. On la trouve là moins encore
qu'autre part. En somme, elle n'est nulle part
dans ce monde, gouverné par l'horrible hasard,
l'aveugle Fatum. Parce qu'on a pris un jour
à droite au lieu de tourner à gauche, la vie est
toute changée. « Toute ma vie a été bouleversée
par une poignée de main donnée en chemin de
fer » me disait il y a cinquante ans un prêtre.
Ce mot, je ne l'ai jamais oublié et la vie m'en a
montré la vérité. Le travail, le talent, le caractère, la volonté : tout cela n'est rien. C'est l'occasion qui tisse notre vie, hélas ! et qui emmêle
les fils de l'écheveau de notre destinée à travers
les destinées des autres.

Les joueurs malheureux se défient de la veine,
deviennent d'enragés poltrons, qui ont peur de
tout et ont encore d'autres craintes. Ah ! le
beau temps de la jeunesse, de la confiance, où
l'on ne redoute rien, pas même la chute du ciel.
J'ai connu ce beau temps là. Comment en un
plomb vil l'or pur s'est-il changé ? Comment
suis-je devenue si défiante, si lâche que j'ai
peur même du bien qu'on me veut ? Mystère,
ou plutôt non. Tout cela s'explique d'un mot :
j'ai vieilli. C'est triste, mais c'est cela ; et j'ai
vieilli dans la tristesse, la désespérance, n'attendant plus rien de la vie pour moi et peu pour
les autres. Je vois l'avenir en noir pour tous !
Ah ! que c'est triste de voir trop clair, de savoir
tant et de pouvoir si peu ! »

(écrit à la veille du banquet du 10 mars 1897).

Le public a la tête si dure qu'il faut taper sur les idées comme sur des clous pour les lui faire entrer dans la tête.

Rien n'arrêtera notre décadence intellectuelle. Comme Musset, je suis venue trop tard dans un monde trop vieux. J'arrive, comme Hypathie, à la fin d'une race épuisée qui ne comprend plus et ne veut plus rien apprendre.

D'ici l'an 2000, l'homme pourra défaire et refaire ce qu'il a déjà fait et défait tant de fois, sans en être plus heureux. Il aura tourné deux ou trois fois de plus dans le cercle fatal de la démocratie, de l'aristocratie, de la monarchie et de la théocratie. Il aura changé la forme de son esclavage ; mais les lois constitutives des sociétés resteront identiques et tout effort pour les violer ou les modifier n'engendrera que de plus grandes misères.

Je vois l'esprit français, fourbu, se désintéresser des idées pour courir après les sensations des spectacles. Le dillettantisme artistique le tue et tue l'art lui-même, qui n'est plus qu'un acrobatisme.

Toute notre thérapeutique chimique repose sur le vieux sophisme *post hoc, propter hoc,* tout comme l'ancienne médecine magique qui administrait du venin de serpent, de la fiente de chat noir ou du cœur de crapaud. Le mécanisme qui cause la maladie et l'action des remèdes sont

réellement pour nous l'*inconnaissable*, au moins
actuellement, et l'on n'y pourra connaître quelque chose que lorsque la mécanique atomique
nous sera mieux connue.

On me remercie comme si j'avais sauvé le
monde. Par ma foi, ce serait beau d'y avoir contribué, au fait. La rédemption ne pouvait être
complète tant que la femme n'y avait pas coopéré. Clovis Hugues a peut-être raison. J'écrase
la tête du serpent et répare le péché de la mère
Eve, tant que je peux, en le recommençant. Je
cueille à pleines mains les fruits de l'arbre de la
science pour les offrir à tous ceux qui en veulent,
et non pas seulement à un Adam imbécile qui
n'osait pas y toucher.

Mais il y aura encore de beaux jours pour
ceux qui ont du goût pour les légendes.
(écrit au lendemain du banquet du Grand-Hôtel).

TABLE DES CHAPITRES

J. PEYRONNET & Cie, IMPRIMEURS-ÉDITEURS, 7, RUE DE VALOIS, PARIS.

9 782329 484280